LÍNGUA INGLESA

MARIA CRISTINA G. PACHECO

Pesquisadora, licenciada em Pedagogia e Artes Plásticas; docente de língua inglesa e de língua espanhola em diversas instituições de ensino em São Paulo; autora de livros didáticos e paradidáticos em línguas estrangeiras.

MARÍA R. DE PAULA GONZÁLEZ

Docente de língua inglesa e de língua espanhola; coordenadora em vários cursos de idiomas em São Paulo.

5ª edição
São Paulo
2023

Coleção Eu Gosto Mais
Língua Inglesa 2º ano

Diretor superintendente Jorge Yunes
Diretora editorial Célia de Assis
Editores Isabela Moschkovich e Ricardo Soares
Secretaria editorial e processos Elza Mizue Hata Fujihara
Assistente de produção gráfica Marcelo Ribeiro
Ilustrações Gisele B. Libutti, Lye Kobayashi, Vanessa Alexandre
Projeto gráfico e capa Aline Benitez
Diagramação Nany Produções Gráficas

Dados Internacionais de Catalogação na Publicação (CIP) de acordo com ISBD

P116e Pacheco, Maria Cristina G.

Eu gosto m@is: Língua Inglesa / Maria Cristina G. Pacheco, Maria R. de Paula González. - 5. ed. - São Paulo : IBEP - Instituto Brasileiro de Edições Pedagógicas, 2023.
il ; 20,5 cm x 27,5 cm. - (Eu gosto m@is 2º ano)

Inclui anexo.
ISBN: 978-65-5696-433-1 (Aluno)
ISBN: 978-65-5696-434-8 (Professor)

1. Educação. 2. Ensino fundamental. 3. Livro didático. 4. Língua inglesa. I. González, Maria R. de Paula. II. Título. III. Série.

2023-1173 CDD 372.07
CDU 372.4

Elaborado por Odilio Hilario Moreira Junior - CRB-8/9949

Índice para catálogo sistemático:
1. Educação - Ensino fundamental: Livro didático 372.07
2. Educação - Ensino fundamental: Livro didático 372.4

5ª edição – São Paulo – 2023

Rua Gomes de Carvalho, 1306, 11º andar, Vila Olímpia
São Paulo – SP – 04547-005 – Brasil – Tel.: (11) 2799-7799
www.editoraibep.com.br editoras@ibep-nacional.com.br

Impressão - Gráfica Mercurio S.A. - Agosto 2024

APRESENTAÇÃO

Querido aluno, querida aluna,

Elaboramos para vocês a **Coleção Eu gosto m@is**, rica em conteúdos e atividades interessantes, para acompanhá-los em seu aprendizado.

Desejamos muito que cada lição e cada atividade possam fazer vocês ampliarem seus conhecimentos e suas habilidades nessa fase de desenvolvimento da vida escolar.

Por meio do conhecimento, podemos contribuir para a construção de uma sociedade mais justa e fraterna: esse é o nosso objetivo ao elaborar esta coleção.

Um grande abraço,

As autoras

SUMÁRIO

LESSON

1 **What is your name?** 6

(Qual é o seu nome?)

- **Communicative contents:** greetings; introducing people
- **Grammar content:** verb to be

2 **I am 7 years old** 14

(Eu tenho 7 anos)

- **Communicative contents:** talking about age; numbers
- **Grammar content:** verbs to write, to choose and to copy

3 **My father is a teacher** 26

(Meu pai é professor)

- **Communicative contents:** talking about occupations; the alphabet
- **Grammar content:** verb to work; prepositions; indefinite articles.

4 **I love animals** 34

(Eu adoro animais)

- **Communicative contents:** talking about animals; shapes
- **Grammar content:** verbs to have, to like and to love

5 **I like to have fun** 42

(Eu gosto de me divertir)

- **Communicative contents:** talking about likes and dislikes; toys and games
- **Grammar content:** verb to like; the auxiliaries do and don't

LESSON

WHAT IS YOUR NAME?

(Qual é o seu nome?)

Listen and read. 

(Escute e leia.)

GETTY IMAGES

DESIGN PICS

ACTIVITIES

1 Complete the dialogues.
(Complete os diálogos.)

a) – What is your ______________________?

– ____________ name is ________________.

SERGIYN/SHUTTERSTOCK

Paul

b) – What ________________________ name?

– My ________________________________.

PRESSMASTER/SHUTTERSTOCK

Luciano

c) – ____________________________________

– My name ___________________________.

SERGIYN/SHUTTERSTOCK

Laura

d) – Hi, I ________________________________ Bob.

– ______________________________, I am Meg.

e) – Hi, ________________________________ am Sue.

– Hello, ________________________________ Chris.

Greetings

(Saudações / Cumprimentos)

2 Let's talk and glue the stickers.

(Vamos conversar e colar os adesivos.)

ILUSTRAÇÕES: VANESSA ALEXANDRE

07:00

Good morning, mom!

(Bom dia, mamãe!)

12:05

Good afternoon, kids!

(Boa tarde, crianças!)

19:10

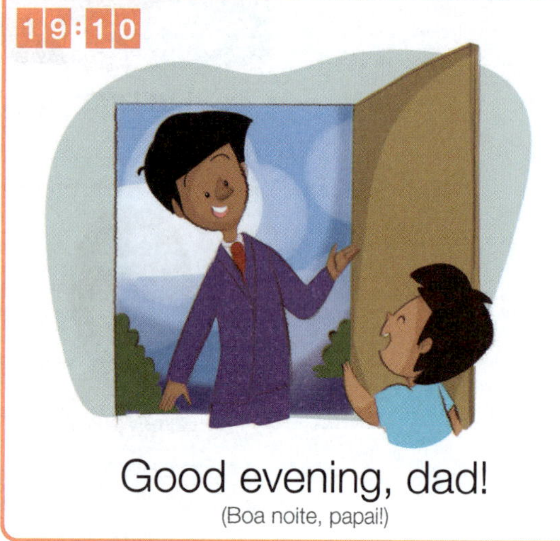

Good evening, dad!

(Boa noite, papai!)

21:30

Good night, son!

(Boa noite, filho!)

ILUSTRAÇÕES: LIE KOBAYASHI

3 Let's greet, color and write.

(Vamos cumprimentar, colorir e escrever.)

Good evening! | Hi! | Good afternoon!

Hello! | Good morning! | Good night!

VANESSA ALEXANDRE

4 Let's talk and write.

(Vamos falar e escrever.)

PHOTODISC COMSTOCK IMAGES

GEORGE DOYLE JOSE MANUEL GELPI DIAZ

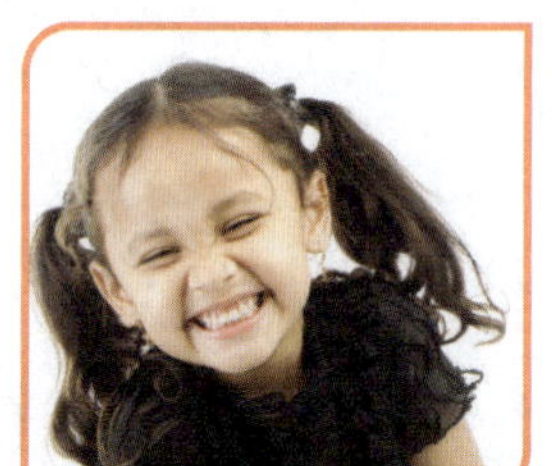

Meg

RPHOTOS

a) This is my friend ____________.

This is ____________.

Joe

ABLESTOCK

b) This is my friend ____________.

____________ Joe.

Jude

MIROSLAV FERKUNIAK

c) This ____________ Jude.

____________.

5 Let's copy and talk.
(Vamos copiar e conversar.)

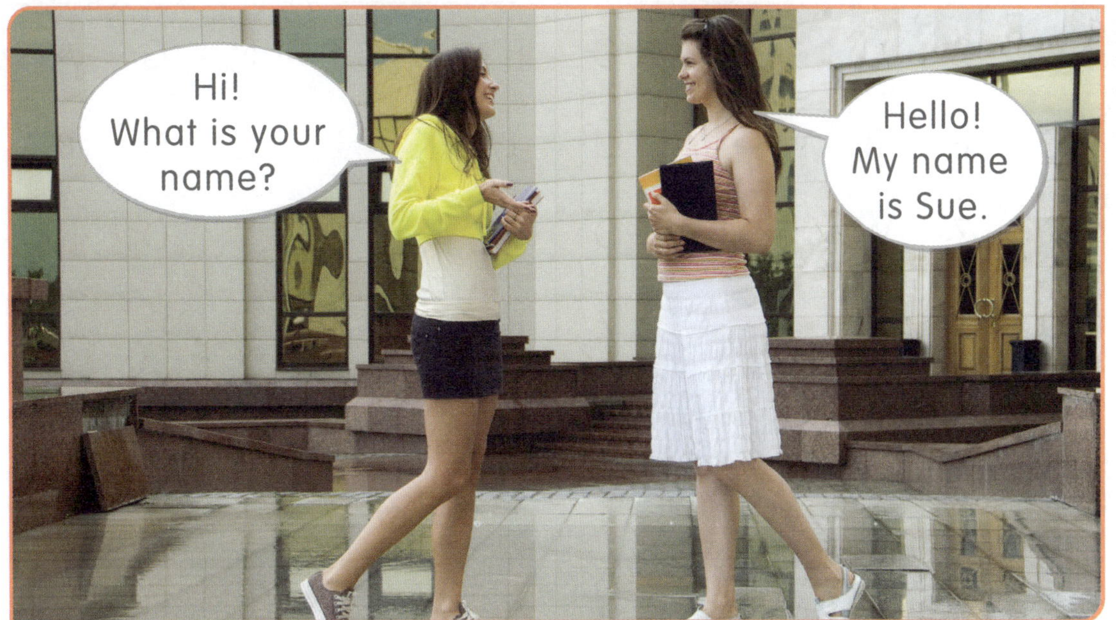

ANTON GVOZDIKOV

a) A: ______________________________

B: ______________________________

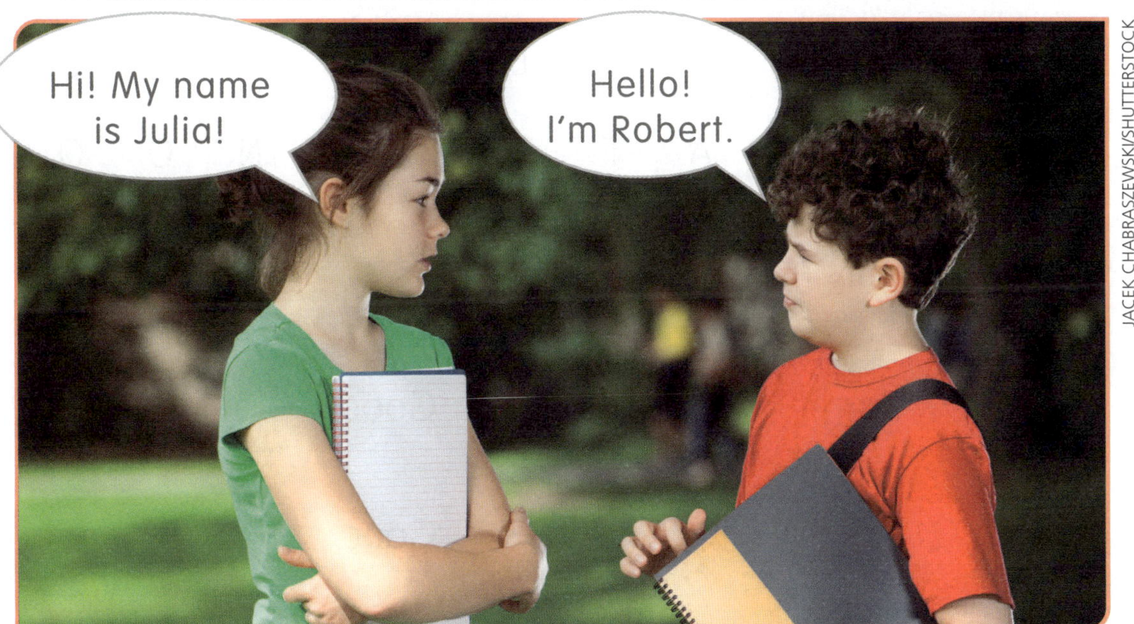

JACEK CHABRASZEWSKI/SHUTTERSTOCK

b) A: ______________________________

B: ______________________________

6 Let's play!
(Vamos brincar!)

G	O	O	D	M	O	R	N	I	N	G	A	Q
O	E	R	T	Y	U	J	K	L	G	O	B	C
O	Z	W	E	R	D	S	A	U	Y	O	N	H
D	Y	S	P	Q	Z	R	M	J	Q	D	Q	E
E	H	A	L	W	S	T	N	I	A	N	S	L
V	N	S	M	A	E	Y	B	O	I	I	D	L
E	M	X	N	S	H	I	V	K	P	G	C	0
N	U	C	J	D	Y	J	C	M	L	H	T	S
I	Y	O	U	C	U	K	X	A	O	T	I	A
N	T	G	T	F	O	L	A	S	A	Q	O	U
G	O	O	D	A	F	T	E	R	N	O	O	N

7 Unscramble the letters.
(Desembaralhe as letras.)

G I N M R O N — Good ______________

I G H T N — Good ______________

I N N E E V G — Good ______________

O O N N E R T F A — Good ______________

8 Listen and choose the correct answers. 20

(Escute e escolha as respostas corretas.)

SERGIYN/SHUTTERSTOCK

a) – Good morning! ☐

– Good evening! ☐

b) – Good morning! What's your name? ☐

– Good evening! ☐

c) – My name is Charles, and you? ☐

– My name is Paul. ☐

d) – I'm Jackson. ☐

– I'm Charles. ☐

I AM 7 YEARS OLD

(Eu tenho 7 anos)

Listen and read. 21

(Escute e leia.)

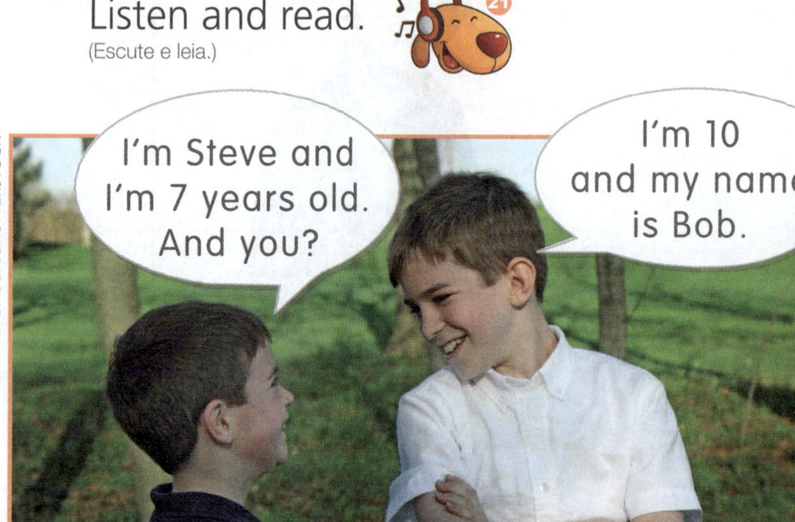

SONYA ETCHISON/SHUTTERSTOCK

Numbers

(Números)

1 one	2 two
3 three	4 four
5 five	6 six
7 seven	8 eight
9 nine	10 ten

ACTIVITIES

1 Let´s copy.

(Vamos copiar.)

10 ______	3 ______
1 ______	7 ______
8 ______	2 ______
6 ______	4 ______
9 ______	5 ______

2 Unscramble the numbers.
(Desembaralhe os números.)

a) E O N ____________________

e) F R O U ____________________

b) E R T H E ____________________

f) I F V E ____________________

c) X S I ____________________

g) N E T ____________________

d) W T O ____________________

h) E S N E V ____________________

3 Write the numbers.
(Escreva os números.)

a) One ____________________

f) Six ____________________

b) Two ____________________

g) Seven ____________________

c) Three ____________________

h) Eight ____________________

d) Four ____________________

i) Nine ____________________

e) Five ____________________

j) Ten ____________________

4 Count the candles and complete the sentences.
(Conte as velas e complete as frases.)

Example:

Ana is **five** years old.

ILUSTRAÇÕES: VANESSA ALEXANDRE

a) Jack is ____________ years old.

b) Lia is ____________ years old.

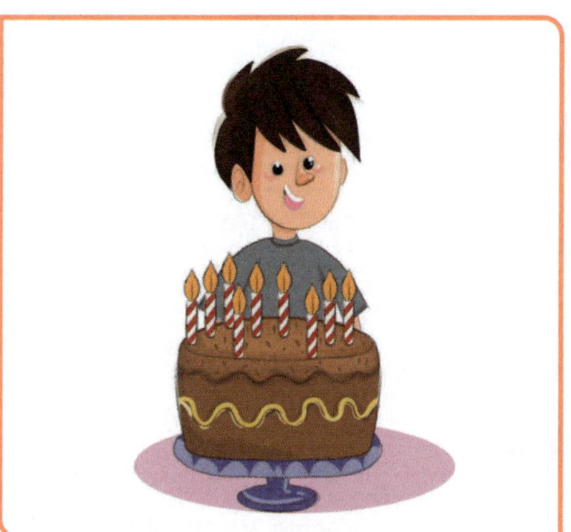

c) Louis is ____________ years old.

5 Let's celebrate a friends' birthday. Go to page 99.
(Vamos comemorar o aniversário de um amigo. Vá para a página 99.)

How old are you?

(Quantos anos você tem?)

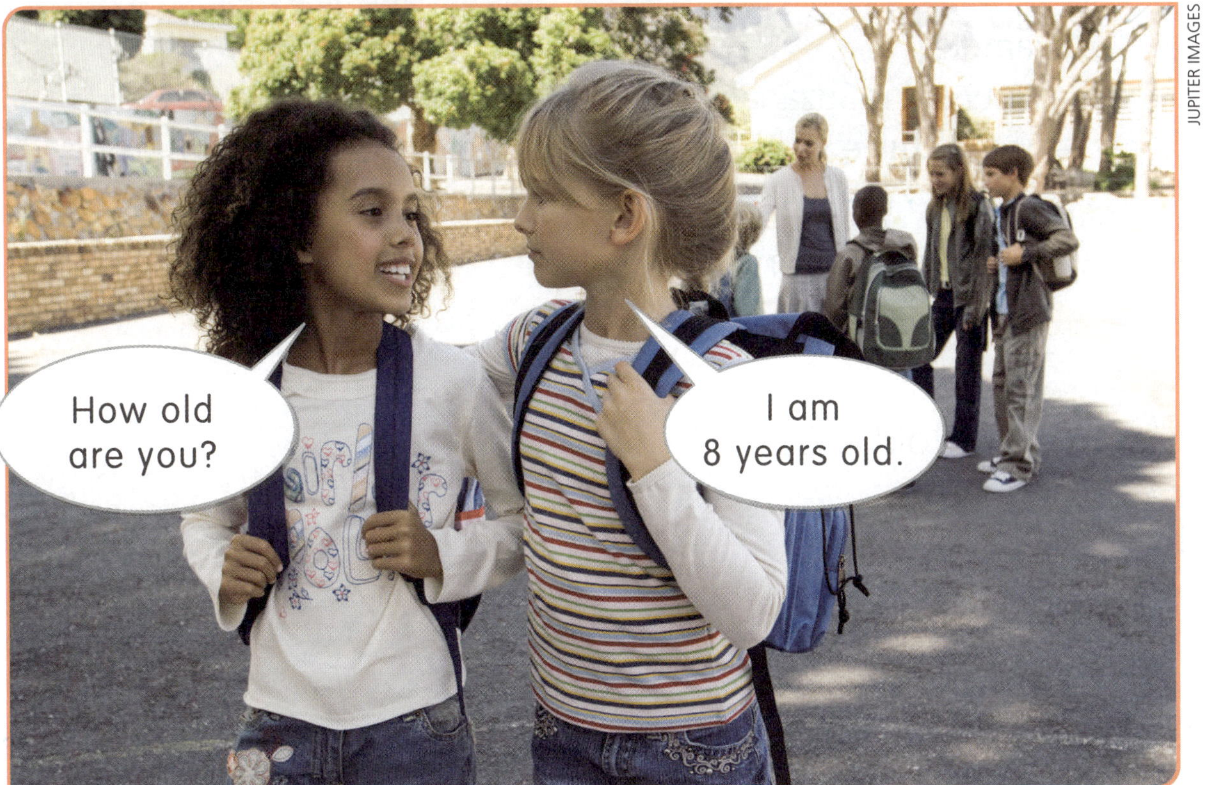

JUPITER IMAGES

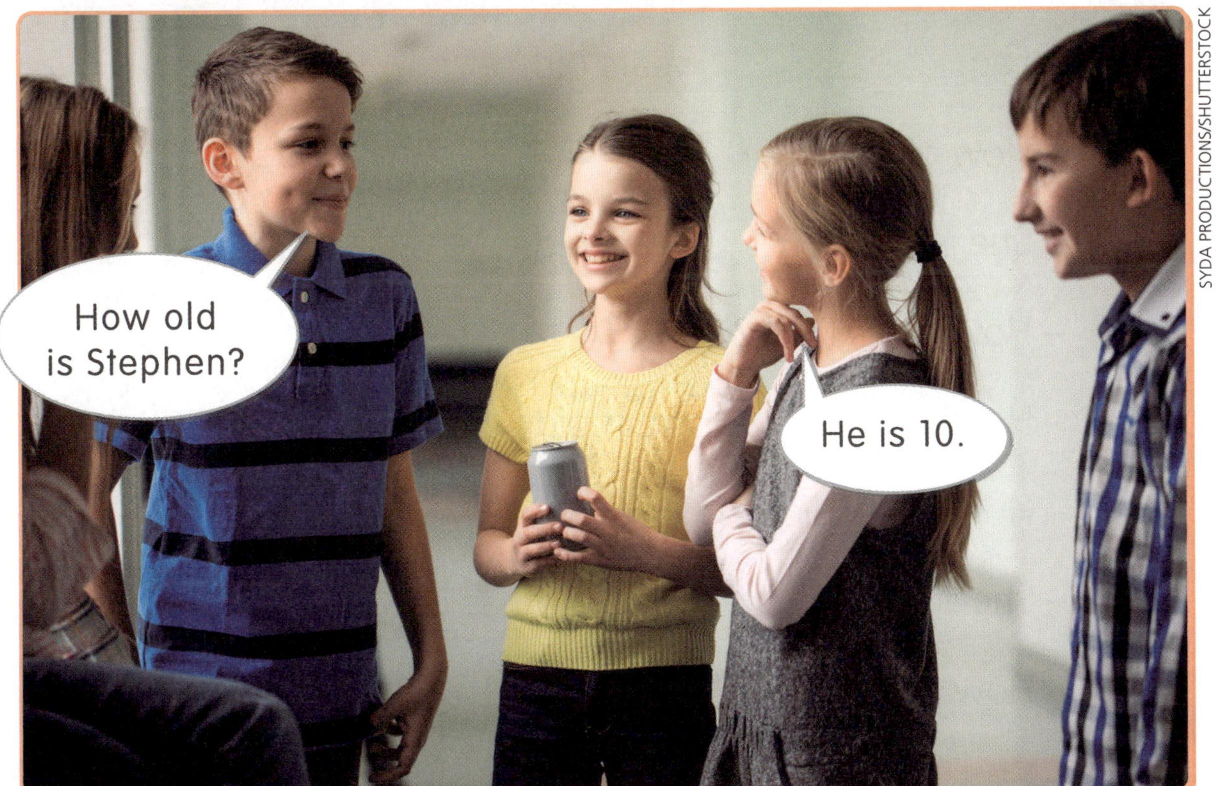

SYDA PRODUCTIONS/SHUTTERSTOCK

6 Let's write.
(Vamos escrever.)

Examples:
– How old is Suzanah?
– She is **three** years old.

– How old are you?
– I am **three** years old.

a) – How old is Dani?
– She is ____________ years old.

b) – How old is Gabriel?
– He is ____________ years old.

c) – How old are you, Lili?
– I am ____________ years old.

d) – How old are you, Joe?
– I am ____________ years old.

e) – How old is Amy?
– She is ____________ years old.

f) – How old is Mike?
– He is ____________ year old.

g) – How old is Nicole?
– She is ____________ years old.

h) – How old are you, Hugo?
– I am ____________ years old.

Mike 1 one	**Amy** 2 two
Suzanah 3 three	**Nicole** 4 four
Joe 5 five	**Gabriel** 6 six
David 7 seven	**Lili** 8 eight
Hugo 9 nine	**Dani** 10 ten

7 Listen and check (✓) the correct sentences.

(Escute e marque as frases corretas.)

a) She is ☐ Susan. ☐ Suzanna.

She is eight years old.

PAUL HILL

b) My name is ☐ Rachel. ☐ Ruth.

I am seven.

WAVEBREAKMEDIA

c) I am Annabeth.

I am ☐ nine. ☐ eight.

JACEK CHABRASZEWSKI

d) Jacob is ☐ two. ☐ eight.

HEMERA TECHNOLOGIES

e) Rufus is ☐ two ☐ one years old.

JAVIER BROSCH/SHUTTERSTOCK

Colors

(Cores)

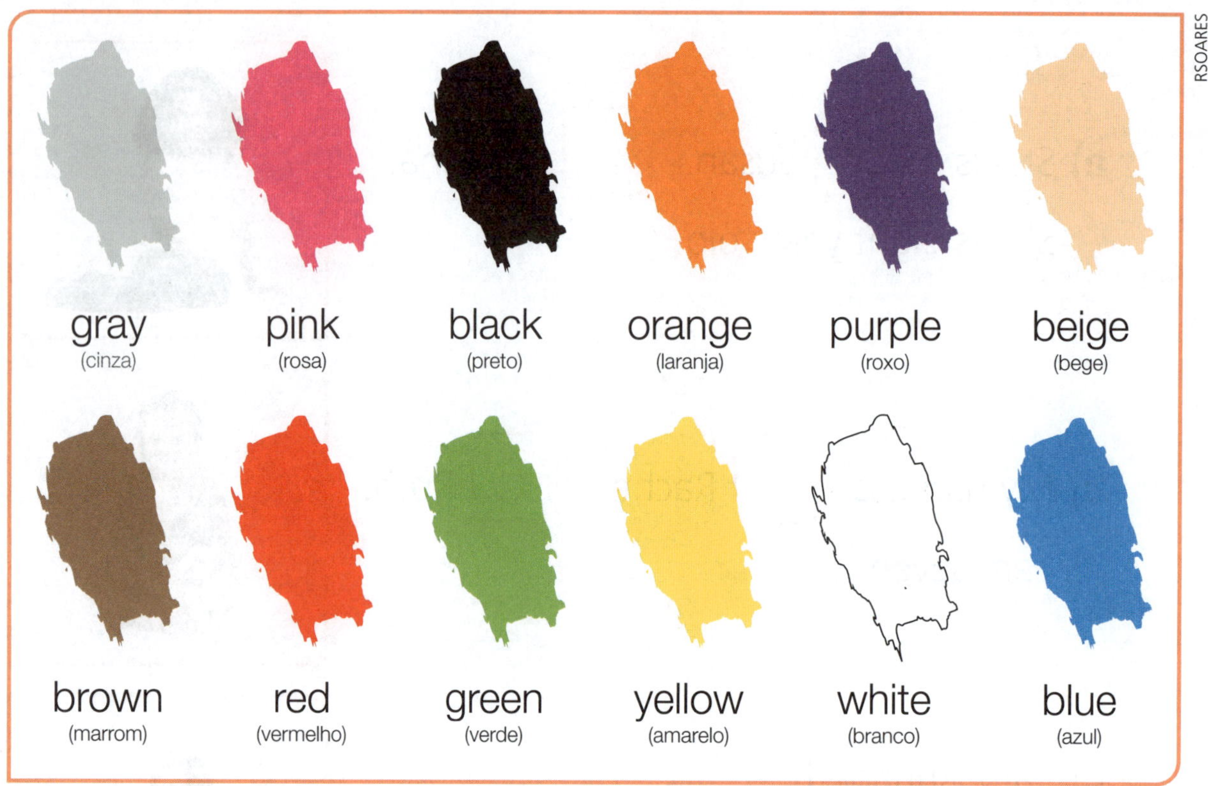

8 Let's find the right number and write the color.

(Vamos encontrar o número correto e escrever sua cor.)

10 ________________

4 ________________

7 ________________

9 ________________

9 Let's write.
(Vamos escrever.)

Example:

– What color is it?
(Que cor é esta?)

– It is **blue**.
(É azul.)

ILUSTRAÇÕES: ANN PRECIOUS/SHUTTERSTOCK

a) – What color is it?

– It is ______________________________.

b) – What color is it?

– It is ______________________________.

c) – What color is it?

– It is ______________________________.

d) – What color is it?

– It is ______________________________.

e) – What color is it?

– It is ______________________________.

f) – What color is it?

– It is ______________________________.

g) – What color is it?

– It is ______________________________.

10 Listen and choose the correct sentences.
(Escute e escolha as frases corretas.)

ZEDCOR WHOLLY OWNED

a) There are three blue cars. ☐

There are two blue cars. ☐

MAXIM LOSKUTNIKOV

b) I have one red apple. ☐

I have four red apples. ☐

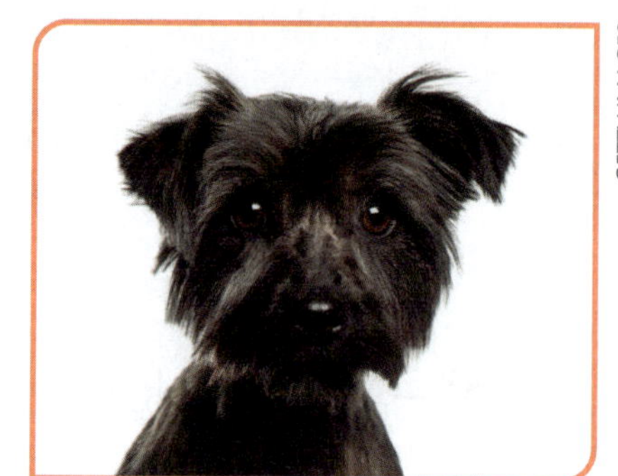

GETTY IMAGES

c) Peter has one black dog. ☐

Peter has one brown dog. ☐

STOCKBYTE

d) I want three dolls. ☐

I want five dolls. ☐

11 Write the numbers and colors you see.

(Escreva os números e as cores que você vê.)

a) ______________________ apples.

MAXIM LOSKUTNIKOV

b) ______________________ cars.

ZEDCOR WHOLLY OWNED

c) ______________________ dog.

MARIUSZ BIELAWA

12 It's a birthday party! Let's find the right picture?

(É uma festa de aniversário! Vamos encontrar a imagem certa?)

two red gifts	five green balloons
eight blue flags	one yellow cake

REVIEW

(Revisão)

I can say my name and age. (Eu sei dizer meu nome e minha idade.)
– Hi, my name is Violet. – I am 8 years old.

1 Complete with your name and age.
(Complete com seu nome e sua idade.)

a) Hi, I am ______________. I am ______________ years old.

b) Hello, my name is ______________. I am ______________.

c) – What is your name?

______________________________.

d) – How old are you?

______________________________.

I can greet other people. (Eu sei cumprimentar outras pessoas.)	
Hi, I am Susan.	Good afternoon, Mr. Frank.
Good morning.	Good night, dad.

2 Translate.
(Traduza.)

a) Bom dia!

____

b) Boa tarde!

____

c) Boa noite!

____

d) Oi!

____

I can name these colors.

(Eu sei dizer o nome dessas cores.)

white	black	blue	red	orange
green	yellow	brown	pink	purple

3 Search the colors.

(Procure as cores.)

W	Z	B	U	A	R	B	R	O	W	N
H	I	L	O	R	E	D	C	I	U	B
I	J	A	T	P	S	L	C	J	P	L
T	L	C	G	R	E	E	N	K	N	U
E	N	K	P	K	P	D	T	E	O	E
A	P	J	L	Y	E	L	L	O	W	R

I can count to ten.

(Eu sei contar até dez.)

1 one	3 three	5 five	7 seven	9 nine
2 two	4 four	6 six	8 eight	10 ten

4 Match.

(Ligue.)

1	2	3	4	5
three	four	one	five	two

MY FATHER IS A TEACHER

(Meu pai é professor)

Professions and occupations

(Profissões e ocupações)

Listen and read.

(Escute e leia.)

CATHY YEULET

saleswoman

(vendedora)

MONKEY BUSINESS IMAGES

manager

(gerente)

SOLIS IMAGES

architect

(arquiteto/a)

RON CHAPPLE

truck driver

(motorista de caminhão)

MICHAEL BLANN

waiter

(garçom)

CATHERINE YEULET

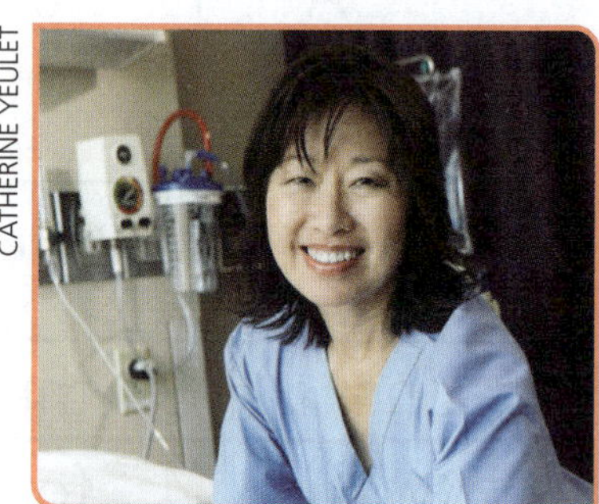

nurse

(enfermeiro/a)

JUPITER IMAGES

cook

(cozinheiro/a)

FLASHON STUDIO

firefighter

(bombeiro)

ALEXANDER BABICH

artist

(artista)

ACTIVITIES

Match.
(Ligue.)

saleswoman

factory

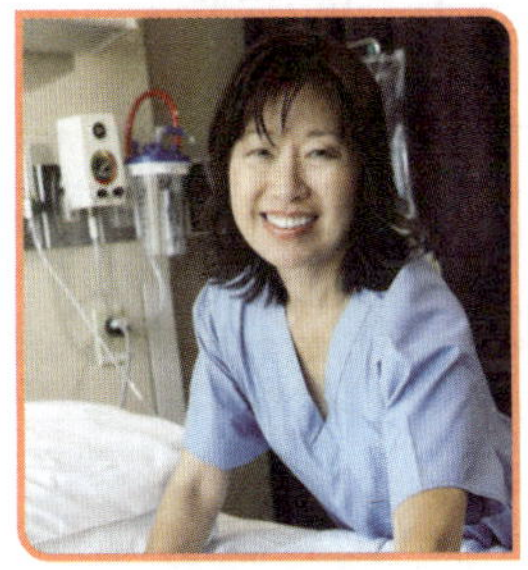
nurse

restaurant

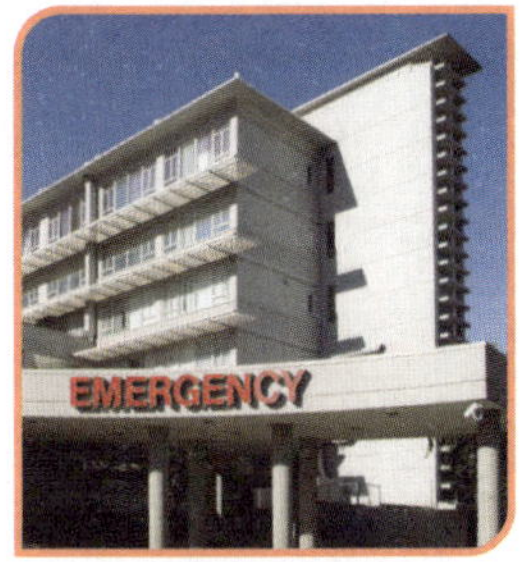

MIKE G
hospital

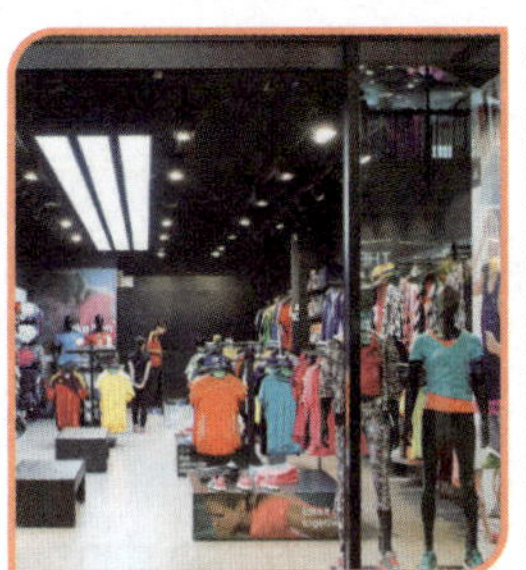
SETTAWAT UDOM/SHUTTERSTOCK
store

CATHY YEULET
cook

manager

2 Let's color the groups.

(Vamos colorir os grupos.)

engineer	house	dentist	firefigther
nurse	teacher	salesperson	factory
theater	doctor	architect	cook
school	restaurant	hospital	actor/actress
office	bank	shop	waiter/waitress

3 Write the words in the right columns.

(Escreva as palavras na coluna certa.)

Occupations	Places to work
______________________	______________________
______________________	______________________
______________________	______________________
______________________	______________________
______________________	______________________
______________________	______________________
______________________	______________________
______________________	______________________
______________________	______________________

4 Complete the sentences.
(Complete as frases.)

Example:

She is a **teacher**.

She works at a **school**.

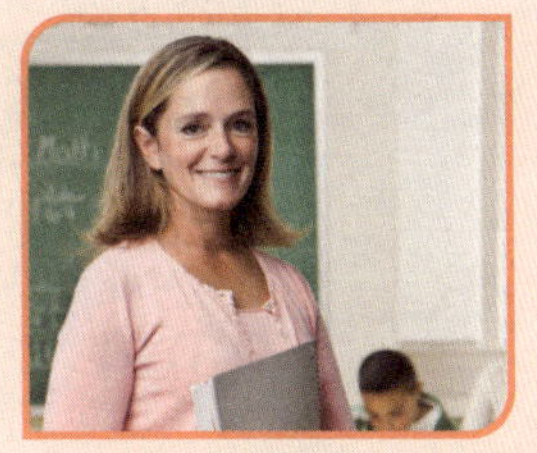
AVAVA /SHUTTERSTOCK

a) He is a ______________________.

He works in a restaurant.

MICHAEL BLANN

SOLIS IMAGES

b) She is an architect.

She works in an ______________________.

c) He is a ______________________.

He works in a restaurant.

JUPITER IMAGES

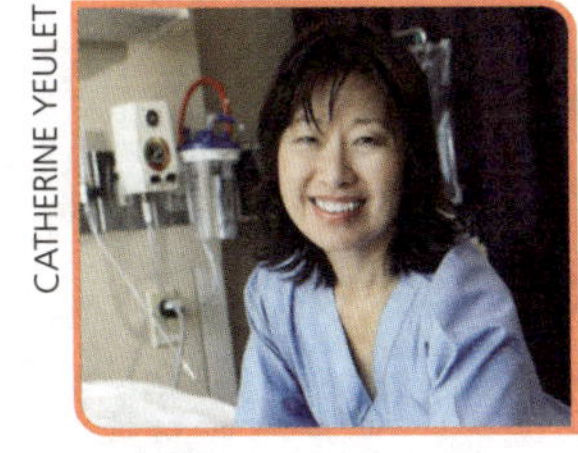
CATHERINE YEULET

d) She is a nurse.

She works in a ______________________.

Attention!
(Atenção!)

in a hospital	**a** doctor
in an office	**a** nurse
at home	**an** engineer
at a school	**an** artist

5 Complete with the corresponding professions or occupations.

(Complete com as profissões ou ocupações correspondentes.)

dentist | teacher | engineer | veterinarian

BONNIE JACOBS

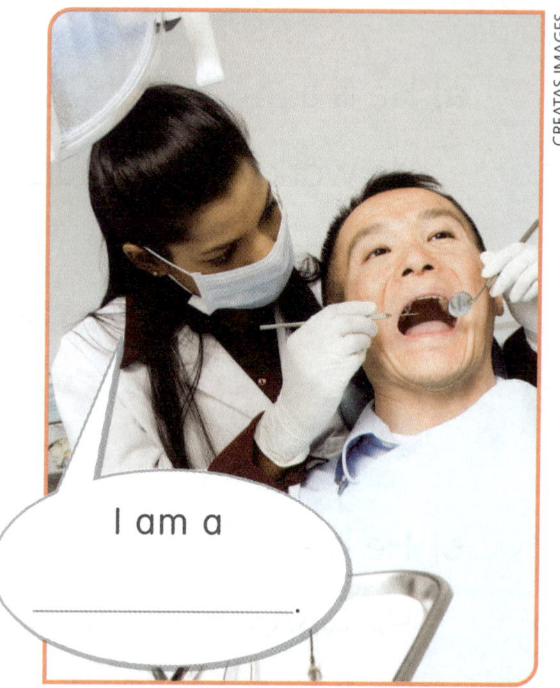

CREATAS IMAGES

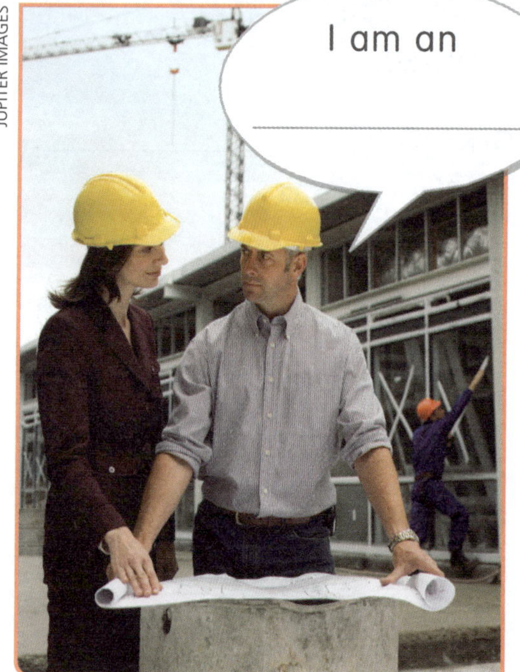

JUPITER IMAGES

BILLION PHOTOS/SHUTTERSTOCK

6 Let's draw.
(Vamos desenhar.)

This is my ____.

He(She) is a/an ______________________________________.

7 Let's play Domino! Go to page 101.
(Vamos jogar Dominó! Vá para a página 101.)

The alphabet

(O alfabeto)

8 Let's play Bingo!

(Vamos jogar Bingo!)

LESSON 4

I LOVE ANIMALS

(Eu adoro animais)

Listen and read.
(Escute e leia.)

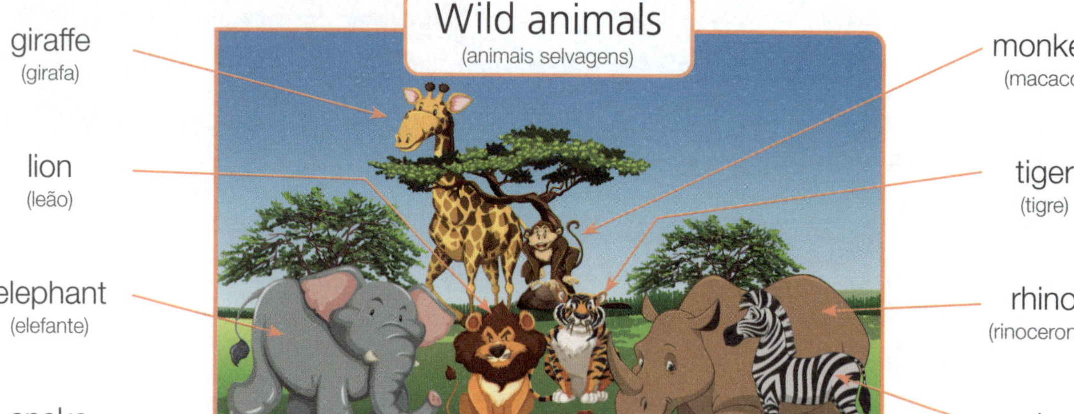

BLUERINGMEDIA, ANDREY MAKURIN, ANDREY1005/SHUTTERSTOCK

Farm animals
(animais da fazenda)

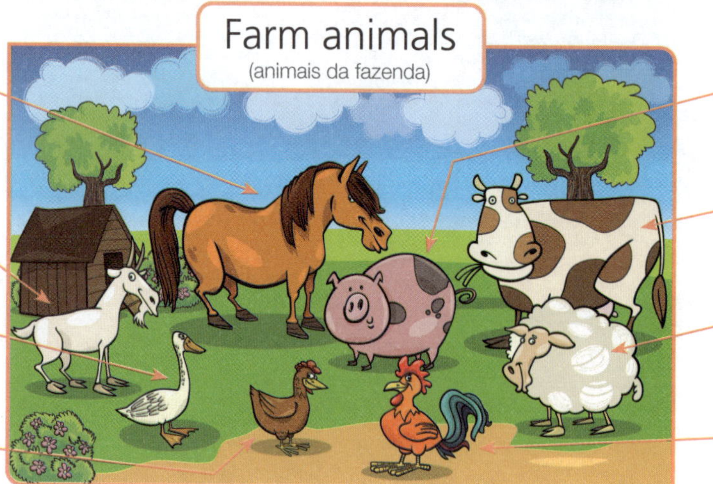

horse
(cavalo)

goat
(cabra)

duck
(pato)

chicken
(galinha)

pig
(porco)

cow
(vaca)

sheep
(ovelha)

rooster
(galo)

IGOR ZAKOWSKI/SHUTTERSTOCK

Pets
(animais de estimação)

T. M./SHUTTERSTOCK

dog
(cachorro)

T. M./SHUTTERSTOCK

cat
(gato)

VIKTORIA/SHUTTERSTOCK

bird
(pássaro)

MARIIAHOLOVINA/SHUTTERSTOCK

fish
(peixe)

ACTIVITIES

1 Complete with the names of the animals.
(Complete com os nomes dos animais.)

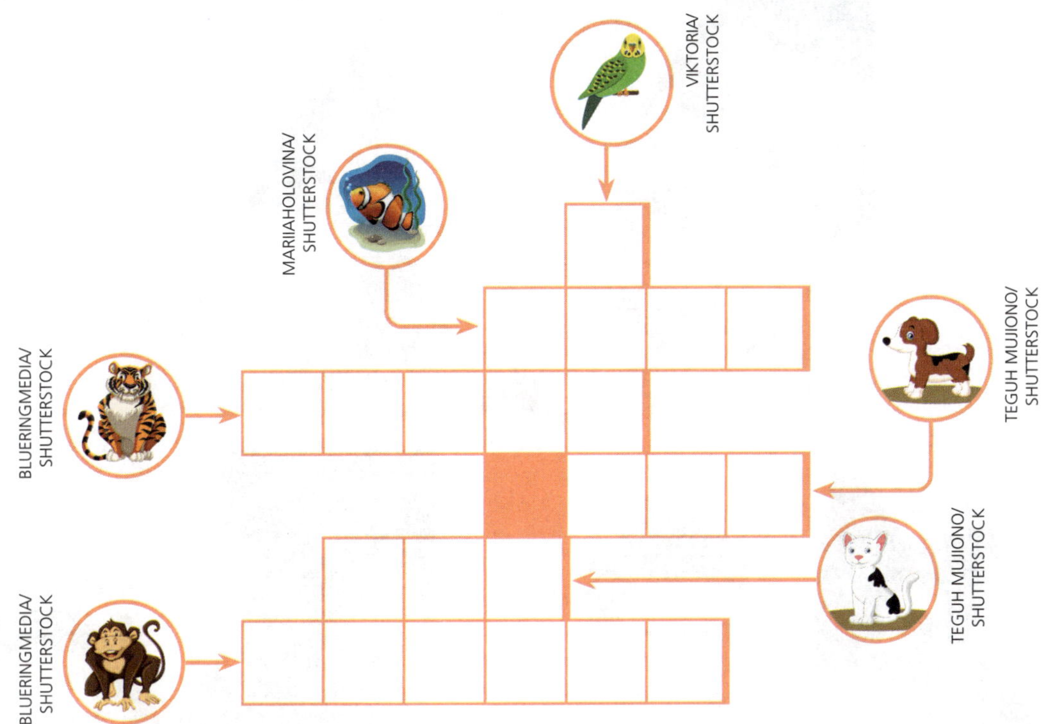

2 Let's find the hidden animals. Use the code.
(Vamos encontrar os animais escondidos. Use o código.)

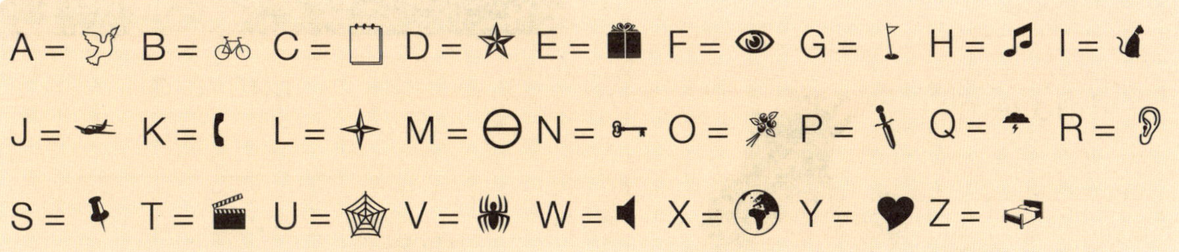

a) ____ ____ ____ ____ ____

b) ____ ____ ____

c) ____ ____ ____ ____

d) ____ ____ ____

3 Let's write and talk.

(Vamos escrever e falar.)

I have a
_______________.

SHUTTERSTOCK

I have a
_______________.

STOCKBYTE

I have a
_______________.

JOSEF MUELLEK

I have a
_______________.

SERGIY BYKHUNENKO

I have a
_______________.

ANGIOLINA/SHUTTERSTOCK

4 Match.

(Relacione.)

a	monkey	**d**	dog	**g**	lion	**j**	cow
b	tiger	**e**	bird	**h**	pig	**k**	sheep
c	fish	**f**	cat	**i**	zebra	**l**	rooster

IGOR ZAKOWSKI/SHUTTERSTOCK

ANDREY1005/SHUTTERSTOCK

TEGUH MUJIONO/SHUTTERSTOCK

VIKTORIA/SHUTTERSTOCK

BLUERINGMEDIA/SHUTTERSTOCK

IGOR ZAKOWSKI/SHUTTERSTOCK

IGOR ZAKOWSKI/SHUTTERSTOCK

IGOR ZAKOWSKI/SHUTTERSTOCK

BLUERINGMEDIA/SHUTTERSTOCK

IGOR ZAKOWSKI/SHUTTERSTOCK

MARIAHOLOVINA/SHUTTERSTOCK

TEGUH MUJIONO/SHUTTERSTOCK

5 Choose an animal and give your opinion.

(Escolha um animal e dê sua opinião.)

6 Listen and draw.

(Escute e desenhe.)

26

Shapes

(Formas)

Star
(Estrela)

Circle
(Círculo)

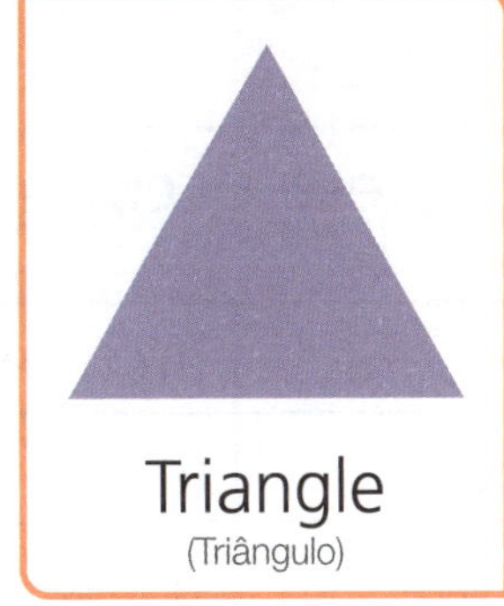
Triangle
(Triângulo)

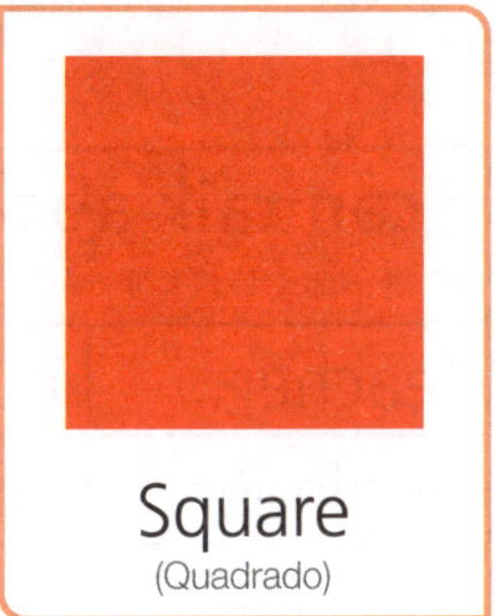
Square
(Quadrado)

ACTIVITIES

7 Let's find the right shape and color.
(Vamos encontrar a forma e a cor corretas.)

A blue square.

A black triangle.

A green star.

A red circle.

8 Let's play the Memory Game. Go to pages 103 and 105.
(Vamos brincar de Jogo da Memória. Vá para as páginas 103 e 105.)

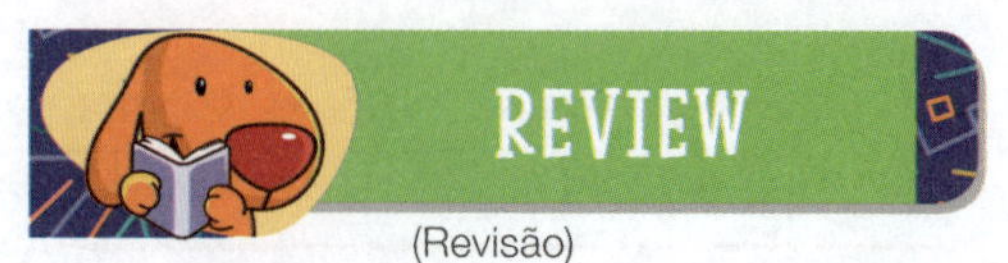

(Revisão)

I can talk about these occupations and professions. (Eu sei falar destas profissões e ocupações.)			
teacher	nurse	architect	waiter/waitress
engineer	dentist	artist	salesman/saleswoman
manager	doctor	truck driver	

1 What do you want to be? Check (✓).
(O que você quer ser? Marque ✓.)

a) ☐ teacher
b) ☐ engineer
c) ☐ waiter/ waitress
d) ☐ dentist
e) ☐ architect
f) ☐ salesman/ saleswoman
g) ☐ nurse
h) ☐ artist
i) ☐ truck driver

I can name these animals. (Eu sei dizer o nome destes animais.)					
monkey	cat	tiger	dog	fish	bird
horse	snake	goat	elephant	chicken	duck

2 Match.
(Relacione.)

Wild animals — Farm animals — Pets

snake — horse — dog — tiger — goat — cat

3 Match the columns.

(Relacione as colunas.)

a) macaco

b) pássaro

c) gato

d) peixe

e) cachorro

f) tigre

( ) fish

( ) dog

( ) monkey

( ) tiger

( ) bird

( ) cat

I can name these shapes.

(Eu sei dizer o nome destas formas.)

star	square	triangle	circle	rectangle

4 Draw the shapes.

(Desenhe as formas.)

a) star

b) square

c) triangle

d) circle

LESSON
5

I LIKE TO HAVE FUN

(Eu gosto de me divertir)

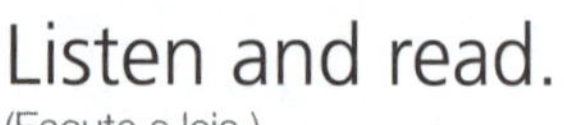

Listen and read.

(Escute e leia.)

27

JOSE MANUEL GELPI DIAZ

I like chocolate.

I like video games.

RON CHAPPLE STOCK

I like dolls.

GETTY IMAGES

I like soccer.

ELENA MILEVSKA

I like books.

BRAND X PICTURES

VSTOCK LLC

I like ice cream.

ACTIVITIES

1 Choose the things you like and don't like. Write and draw.

(Escolha as coisas de que você gosta e não gosta. Escreva e desenhe.)

These are the things I like:

____

These are the things I don't like:

____

2 Let's glue and write.

(Vamos colar e escrever.)

I like or I don't like

ZAYATS SVETLANA/ SHUTTERSTOCK

a) ______________ dolls.

ANDREAS GRADIN/ SHUTTERSTOCK

b) ______________ toy cars.

STEFANO TINTI/ SHUTTERSTOCK

c) __________ video games.

TISH1/SHUTTERSTOCK

d) ______________ soccer.

e) ______________________.

f) ______________________.

g) ______________________.

h) ______________________.

3 Unscramble the words.
(Reordene as palavras.)

a) L L D O
d) Y T O R C A
b) K B O O
e) T E C O H L A C O
c) M E G A
f) A M R E I C C E

a) ______________________
d) ______________________
b) ______________________
e) ______________________
c) ______________________
f) ______________________

4 Let's talk about opinions. Follow the example.
(Vamos falar de opiniões. Siga o exemplo.)

Example:
My friend **Max** likes **toy cars**, but doesn't like **dolls**.

a) My friend ____________________ likes ____________________

but doesn't like ______________________________________.

b) My friend ____________________ likes ____________________

but doesn't like ______________________________________.

5 Let's play.
(Vamos brincar.)

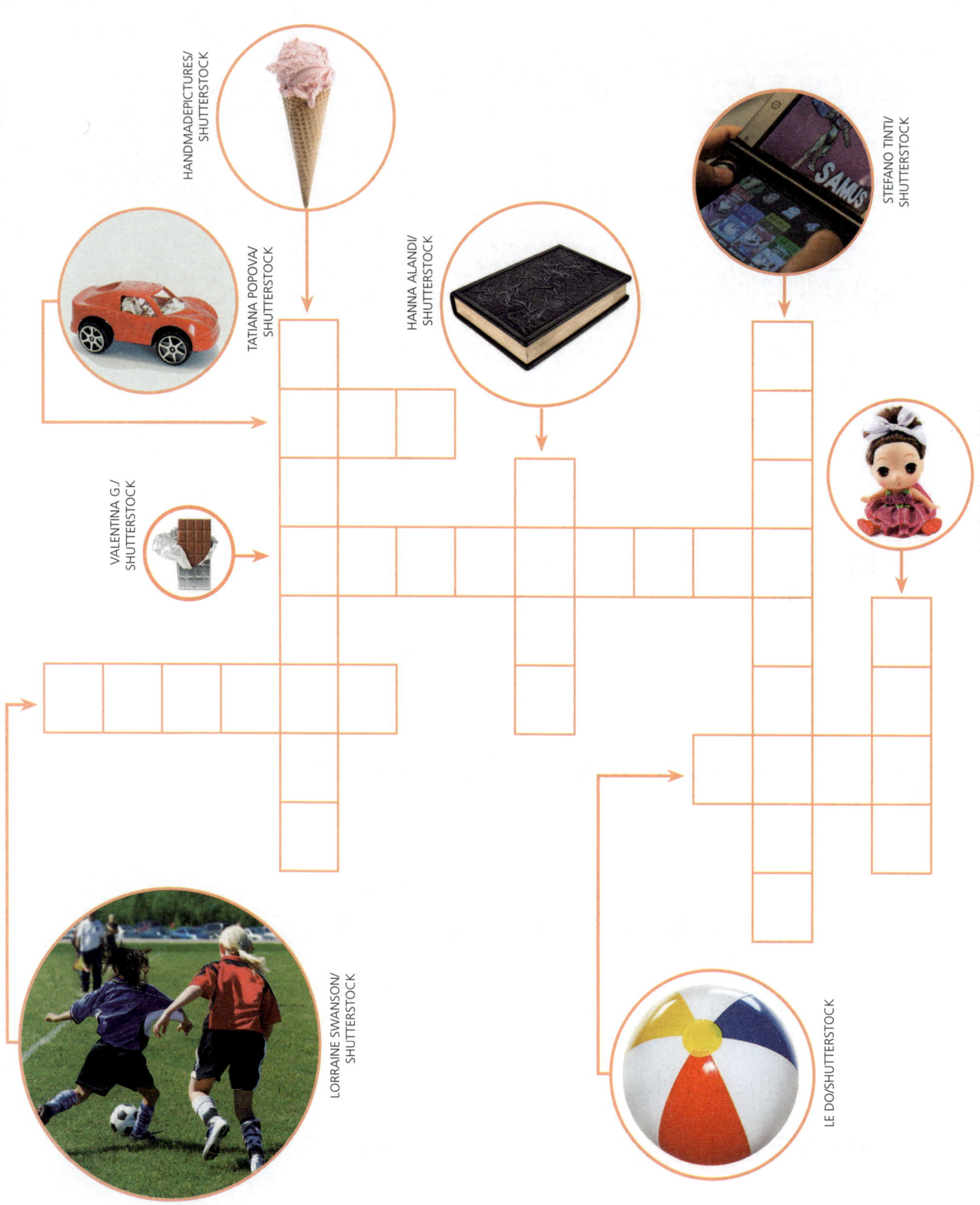

6 Complete the game.

(Complete o jogo.)

TISH1/SHUTTERSTOCK

BALL

CAR

TATIANA POPOVA/ SHUTTERSTOCK

GETTY IMAGES

HANDMADEPICTURES/ SHUTTERSTOCK

HANNA ALANDI/ SHUTTERSTOCK

DOLL

BOOK

TISH1/SHUTTERSTOCK

STEFANO TINTI/ SHUTTERSTOCK

7 Let's write and practice.

(Vamos escrever e praticar.)

Do you like soccer?
No, I don't. Do you like video games?
Yes, I do.

CASA DO LEITOR

Examples:
– Do you like **chocolate**?
– **Yes, I do.**
– Do you like **cats**?
– **No, I don't.**

a) – Do you like ______________________? **(ice cream)**

– ______________________.

b) – Do you like ______________________? **(video games)**

– ______________________.

c) – Do you like ______________________? **(animals)**

– ______________________.

d) – Do you like ______________________? **(toy cars)**

– ______________________.

8 Choose and check (✓) the correct sentences.
(Escolha e marque as frases corretas.)

a) – Do you like to play?

☐ – Yes, I do.   ☐ – Yes, I don't.

b) – Do you like hot dogs?

☐ – No, I don't.   ☐ – No, I do.

c) ☐ – I no like to play soccer.

☐ – I don't like to play soccer.

9 Let's get to work in our Leisure time!
(Vamos falar sobre nossas horas de lazer!)

____.

____.

____.

____.

____.

____.

10 Interview your classmates.
(Entreviste os seus colegas.)

Do you like (Você gosta de...)	
	soccer?
	books?
	dolls?
	chocolate?
	ice cream?
	video games?
	toy cars?
	school?
	TV?

Yes, I do.
(Sim, eu gosto.)

No, I don't.
(Não, eu não gosto.)

Example:
Martin, **do you like** chocolate?
(Martin, você gosta de chocolate?)
Yes, I do.
or
No, I don't.
(Sim, eu gosto ou Não, eu não gosto.)

a) ____________________

____

Friend's name: ____________________

b) ____________________

____

Friend's name: ____________________

c) ____________________

____

Friend's name: ____________________

11 Cut and glue.

(Recorte e cole.)

books	soccer	I	I
toy cars	dolls	I	I
ice cream	video games	I	I
like	like	don't	don't
like	like	like	like

Cut

(Cortar)

12 Listen and complete. 28
(Escute e complete.)

GETTY IMAGES

I like ____________.

My name is ____________.

RON CHAPPLE STOCK

I'm ____________

and I like ____________.

JOSE MANUEL GELPI DIAZ

My name is ____________

and I like ____________.

VSTOCK LLC

My name is ____________

and I like ____________.

ELENA MILEVSKA

I like ____________

and I'm ____________.

BRAND X PICTURES

I'm ____________.

I like ____________.

Rewrite the sentences. Follow the example.
(Reescreva as frases. Siga o exemplo.)

Example:
Kate **likes** chocolate.

a) ____________.

b) ____________.

c) ____________.

d) ____________.

e) ____________.

I HAVE A NEW PENCIL CASE

(Eu tenho um estojo novo)

Listen and read.
(Escute e leia.)

ILUSTRAÇÕES: LIE KOBAYASHI

I have a book.

(Eu tenho um livro.)

I have a pencil case.

(Eu tenho um estojo.)

I have a sharpener.

(Eu tenho um apontador.)

I have a pen.

(Eu tenho uma caneta.)

I have a ruler.

(Eu tenho uma régua.)

I have an eraser.

(Eu tenho uma borracha.)

I don't have an eraser.

(Eu não tenho uma borracha.)

Negative form

Let's learn to use the negative form.
(Vamos aprender a usar a forma negativa.)

Do you have an eraser?
No, I don't. I don't have one.
Yes, I do. I have one.
ILUSTRAÇÕES: LIE KOBAYASHI

ACTIVITIES

1 Let's complete the sentences.
(Vamos completar as frases.)

a) I don't ____________ a ruler.

b) I don't ____________ an eraser.

c) I don't have ____ pen.

d) I ________________ sharpener.

e) I don't have a pencil ________.

f) I ________________ book.

2 Let's draw and name the objects.
(Vamos desenhar e dar os nomes aos objetos.)

book eraser pencil pen sharpener ruler

3 Complete the dialogues.
(Complete os diálogos.)

Yes, I do. or No, I don't.

FOTOS: SHUTTERSTOCK

a) – Do you have a ________________ ?

– Yes, ________________ .

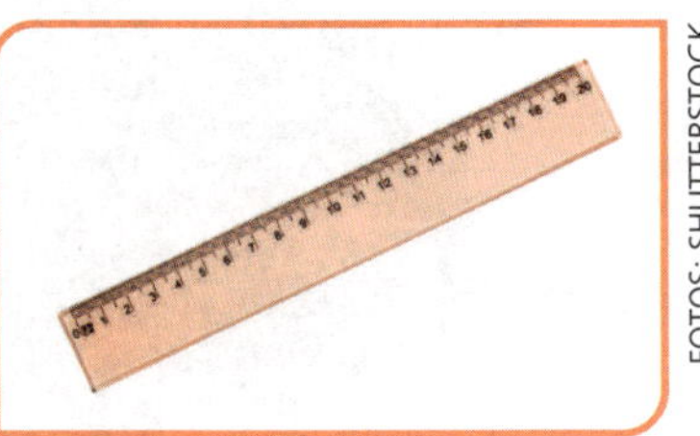

b) – Do you have a ________________ ?

– Yes, ________________ .

c) – Do you have a ________________ ?

– No, ________________ .

d) – Do you have a ________________ ?

– Yes, ________________ .

e) – Do you have an ________________ ?

– Yes, ________________ .

f) – Do you have a ________________ ?

– No, ________________ .

Let's practice with the verb *to have*

(Vamos praticar o verbo *to have*.)

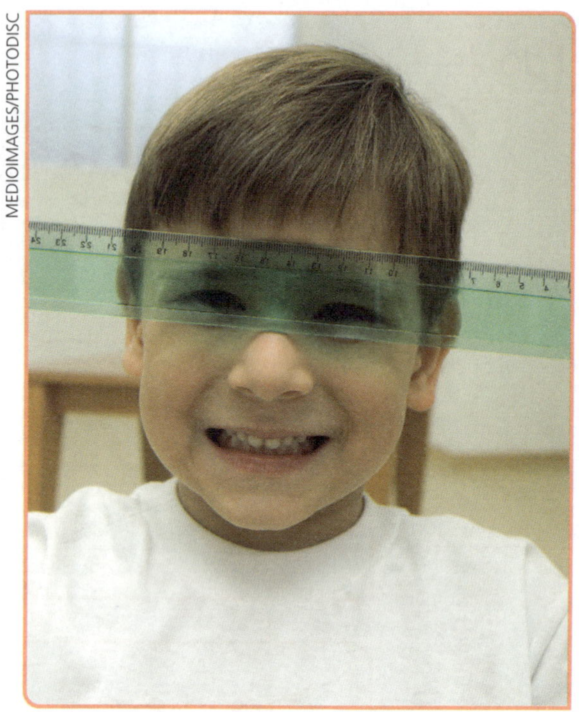

MEDIOIMAGES/PHOTODISC

I have a new ruler.

(Eu tenho uma régua nova.)

MICHAELJUNG/SHUTTERSTOCK

You have a pen.

(Você tem uma caneta.)

CREATAS IMAGES

She has a book.

(Ela tem um livro.)

SYDA PRODUCTIONS/SHUTTERSTOCK

He has a notebook.

(Ele tem um caderno.)

4 Let's choose and check (✓) the correct sentences.

(Vamos escolher e marcar as frases corretas.)

I have	You have	She has	He has
(Eu tenho)	(Você tem)	(Ela tem)	(Ele tem)

HALLGERD

a) ☐ I have a sharpener.

☐ I has a sharpener.

DMITRIY SHIRONOSOV

b) ☐ You have a pencil.

☐ You has a pencil.

COMSTOCK IMAGES

c) ☐ He have a ruler.

☐ He has a ruler.

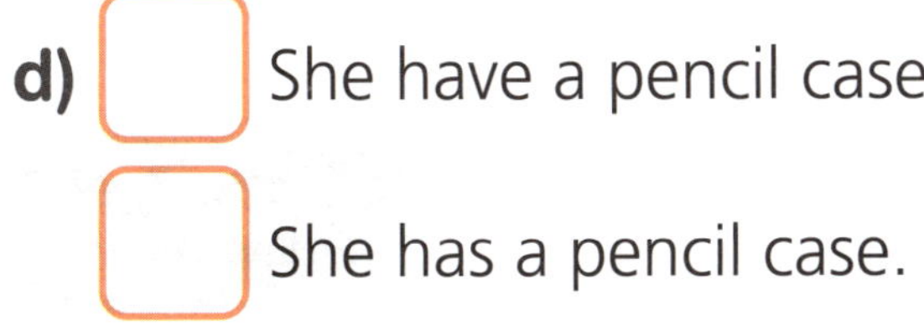

d) ☐ She have a pencil case.

☐ She has a pencil case.

ANNA KARWOWSKA

5 Let's write.
(Vamos escrever.)

Yes, she does. | No, she doesn't. | Yes, he does. | No, he doesn't.

a) – Does she have a ______________?

– ______________, she does.

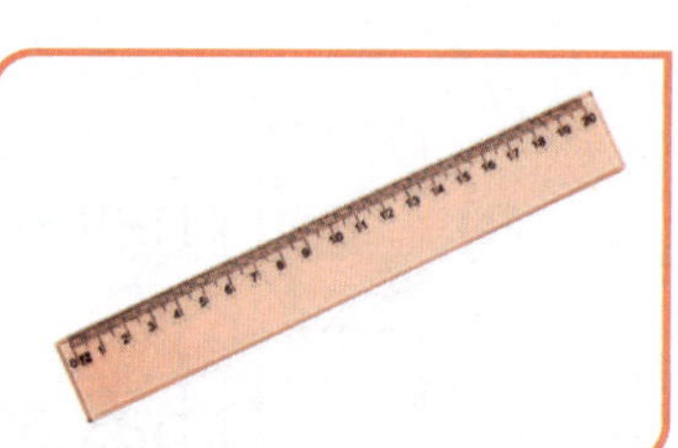

FOTOS: SHUTTERSTOCK

b) – Does she have a ______________?

– No, she ______________.

c) – Does she have a ______________?

– No, ______________ doesn't.

d) – Does he have a ______________?

– Yes, he ______________.

e) – Does he have an ______________?

– Yes, ______________ does.

f) – Does she have a ______________?

– ______________, she doesn't.

6 Let's listen and check (✓)! 30

(Vamos escutar e marcar!)

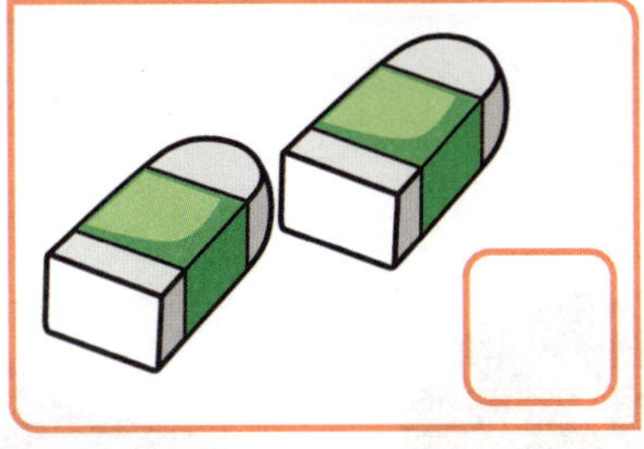
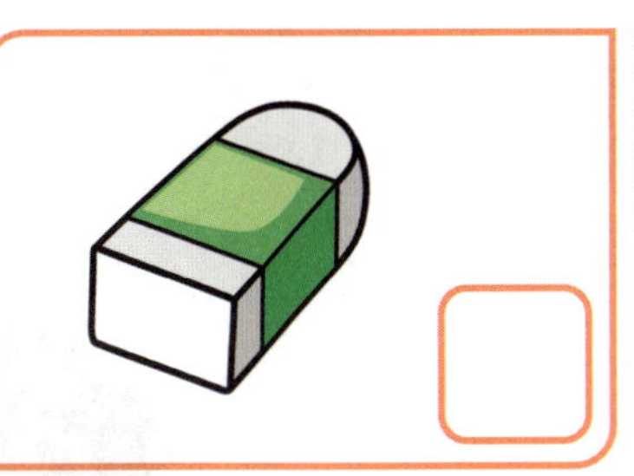

JEHSOMWANG/ SHUTTERSTOCK

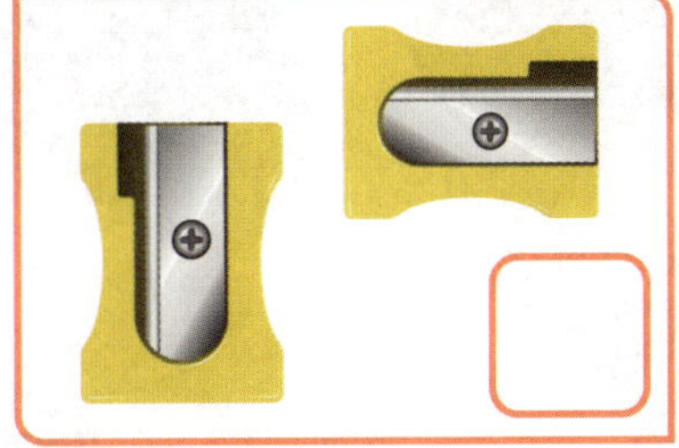
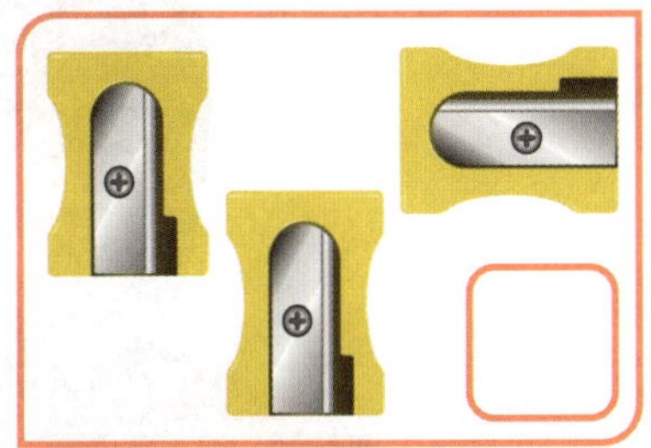

JDRV/ SHUTTERSTOCK

FEDOROV OLEKSIY/ SHUTTERSTOCK

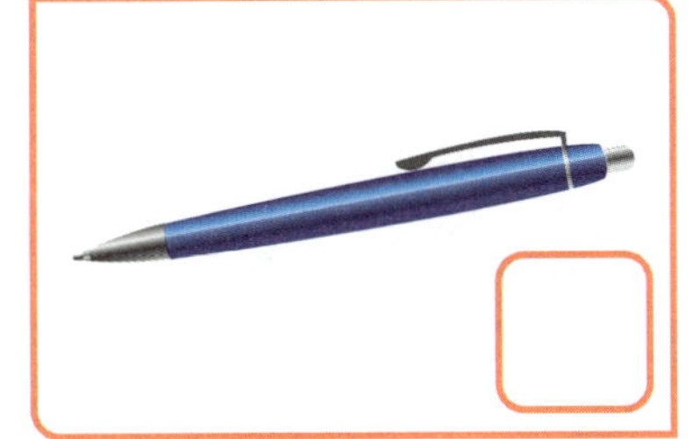

KALMATSUY/ SHUTTERSTOCK

TUULIJUMALA/SHUTTERSTOCK

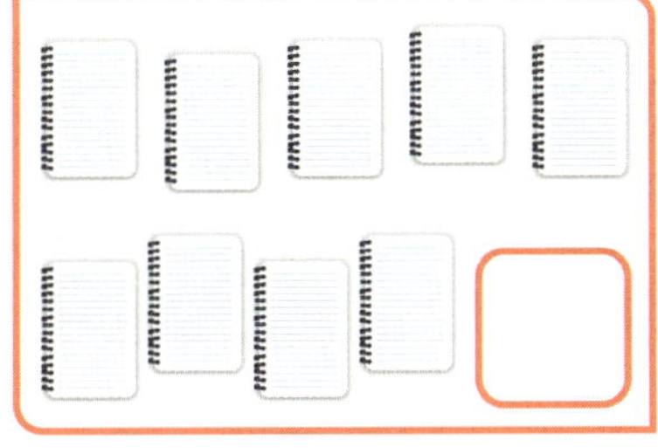
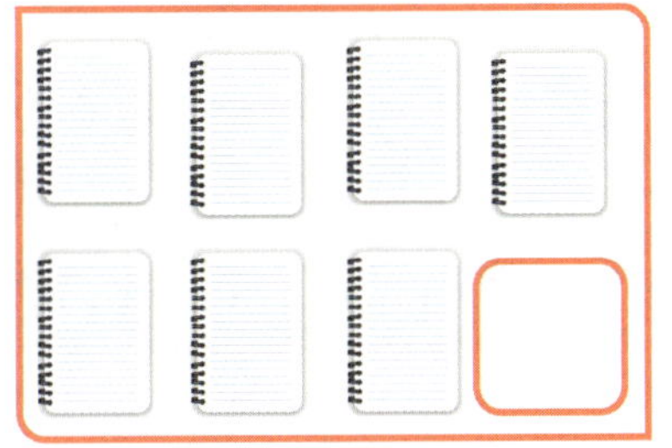

89STUDIO/SHUTTERSTOCK

7 Listen and color. 

(Escute e pinte.)

VANESSA ALEXANDRE

8 Let's match the columns.
(Vamos ligar as colunas.)

Does she have a sharpener?	No, I don't have a computer.
Does he have a sharpener.	No, she doesn't.
How many books do you have?	Sorry, I don't have a pen.
Do you have a computer?	Yes, he does.
Do you have a pen?	Yes, I do. I have a red pen.
Do you have a red pen?	I have one book.

9 Let's play the Memory Game. Go to page 107.
(Vamos brincar de Jogo da Memória. Vá para a página 107.)

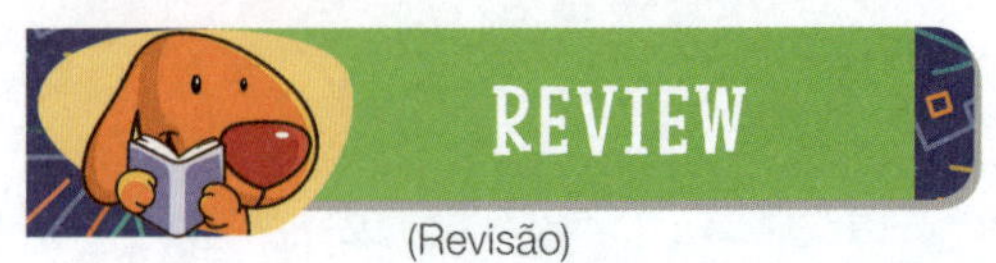

(Revisão)

I can talk about what I like or don't like. (Eu sei falar sobre as coisas de que gosto ou de que não gosto.)	
I like (Eu gosto)	I don't like (Eu não gosto)

1 Choose your answers.
(Escolha suas respostas.)

dolls books video games toy cars soccer chocolate

a) I like ______________________.

b) I like ______________________.

c) I like ______________________.

d) I don't like ______________________.

2 Write your friends' answers.
(Escreva as respostas de seus amigos.)

He/she likes (Ele/ela gosta de)	He/she doesn't like (Ele/ela não gosta de)

a) He likes ______________________.

b) She likes ______________________.

c) He doesn't like ______________________.

d) She doesn't like ______________________.

I can name these school objects. (Eu sei dizer o nome destes objetos escolares.)		
pencil	ruler	sharpener
eraser	pen	pencil case

3 Answer the questions.
(Responda às perguntas.)

Yes, I do. No, I don't.

a) Do you have a red pen?
(Você tem uma caneta vermelha?)

____

b) Do you have an eraser?
(Você tem uma borracha?)

____

c) Do you have a computer?
(Você tem um computador?)

____

d) Do you have a black pencil?
(Você tem um lápis preto?)

____

4 What do you have in your pencil case?
(O que você tem no seu estojo?)

- [ ] a pencil
- [ ] a ruler
- [ ] a red pen
- [ ] an eraser
- [ ] a blue pen

HE IS VERY THIN

(Ele é muito magro)

Listen and read.
(Escute e leia.)

CREATAS

He is tall. I am short.

(Ele é alto. Eu sou baixo.)

CATHY YEULET

She's blonde. I'm a brunette.

(Ela é loira. Eu sou morena.)

PHOTODISC

Lucas is thin.
(Lucas é magro.)

LUNAMARINA

Jane has long hair.
(Jane tem cabelo comprido.)

BANANASTOCK

Timothy is fat.
(Timothy é gordo.)

DARRIN HENRY

Ken has short hair.
(Ken tem cabelo curto.)

JACK HOLLINGSWORTH

Rebecca has curly hair.
(Rebecca tem cabelo cacheado.)

WAVEBREAK MEDIA

Lucy has straight hair.
(Lucy tem cabelo liso.)

ACTIVITIES

1 Let's find 7 words.
(Vamos encontrar 7 palavras.)

C	U	R	L	Y	Y	A	T	R	S	A	B	C
T	X	Y	A	F	O	M	F	A	T	D	G	H
B	R	U	N	E	T	T	E	J	R	K	F	V
L	P	O	E	J	K	L	Q	U	V	W	Y	C
O	L	N	S	Q	S	T	R	A	I	G	H	T
N	J	K	H	I	B	D	K	H	Y	L	P	Q
D	A	F	O	V	T	L	L	O	N	G	Q	I
E	M	P	R	X	A	I	K	S	T	R	V	P
D	F	J	T	W	L	O	K	L	M	N	O	J
G	L	N	M	H	L	Q	U	Z	P	Q	X	B

2 Write what you've found.
(Escreva o que você encontrou.)

curly ______ ______

______ ______

______ ______

______ ______

The parts of your face

(As partes do seu rosto)

Let's learn.

(Vamos aprender.)

Hair:	long (comprido)	short (curto)	brown (castanho)	blond (loiro)	black (preto)	curly (cacheado)	straight (liso)	redhead (ruivo)
Eyes:	blue (azuis)	green (verdes)	brown (castanhos)	black (pretos)	large (grandes)	almond-shaped (amendoados)	slanted (puxados)	
Mouth:	small (pequena)	thin (fina)	big (grande)					
Nose:	small (pequeno)	big (grande)						

Types:	asian (asiático/a)	afro-descendant (negro/a)	caucasian (branco/a)	hispanic (latino/a)
Height:	tall (alto/a)	short (baixo/a)		
Weight:	fat (gordo/a)	thin (magro/a)		
Age:	new (novo/a)	young (jovem)	old (velho/a)	

3 Describe people.

(Descreva as pessoas.)

Example:

I'm **young**.
I have **brown eyes**.
I have **long brown hair**. I am **tall** and **thin**.
I'm not **old**.
I have **short brown hair**.
I have **brown eyes**.
I am **tall**.
ARIWASABI
JACK HOLLINGSWORTH

Sou jovem.
Tenho olhos castanhos.
Tenho cabelos castanhos compridos.
Sou alta e magra.

Eu não sou velho.
Tenho cabelos castanhos curtos.
Tenho olhos castanhos.
Sou alto.

Describe someone.

(Descreva uma pessoa.)

She/He is ______________________.

She/He has ____________________ eyes.

She/He has ____________________ hair.

____

____

____

____

____

4 Let's write. Describe your teacher.

(Vamos escrever. Descreva seu professor.)

My teacher is ____ .

____

____

____ .

My teacher has ____________________ hair and ____________ eyes.

5 Let's describe some friends.

(Vamos descrever alguns amigos.)

a) Name: ____.

He is ____

____

____

____.

He has ____________________ hair and ____________________ eyes.

b) Name: ____.

She is ____

____

____

____.

She has ____________________ hair and ____________________ eyes.

6 Let's write.
(Vamos escrever.)

Example:

Melissa has long **black** hair and **brown** eyes.

LEAH-ANNE THOMPSON

PHOTODISC

a) Naomi has short ________________ hair and ________________ eyes.

b) Dylan Jr. has ________________ straight hair and ________________ eyes.

SHUTTERSTOCK

MAURICIO JORDAN DE SOUZA COELHO

c) Grace has long ________________ hair and ________________ eyes.

7 Let's find the sentences.

(Vamos encontrar as frases.)

am	I	hair	blue	fat
is	she	eyes	black	big
have	he	mouth	tall	small
has	Peter	nose	long	thin
	John		short	

8 Let's find Ms. and Mr. Smith.

(Vamos encontrar a Sra. e o Sr. Smith.)

Ms. Smith:
I have black curly hair.
I am tall and thin.

GETTY IMAGES

Mr. Smith:
I have black eyes and a blue shirt.
I am tall. I am not thin.

Attention!

(Atenção!)

- **Mr.** é usado para homens e significa Senhor.
- **Mrs.** é usado para mulheres casadas e significa Senhora.
- **Miss** é usado para mulheres solteiras e significa Senhorita.
- **Ms.** é usado para mulheres casadas ou solteiras e significa Senhora.

The parts of your body

(As partes do seu corpo)

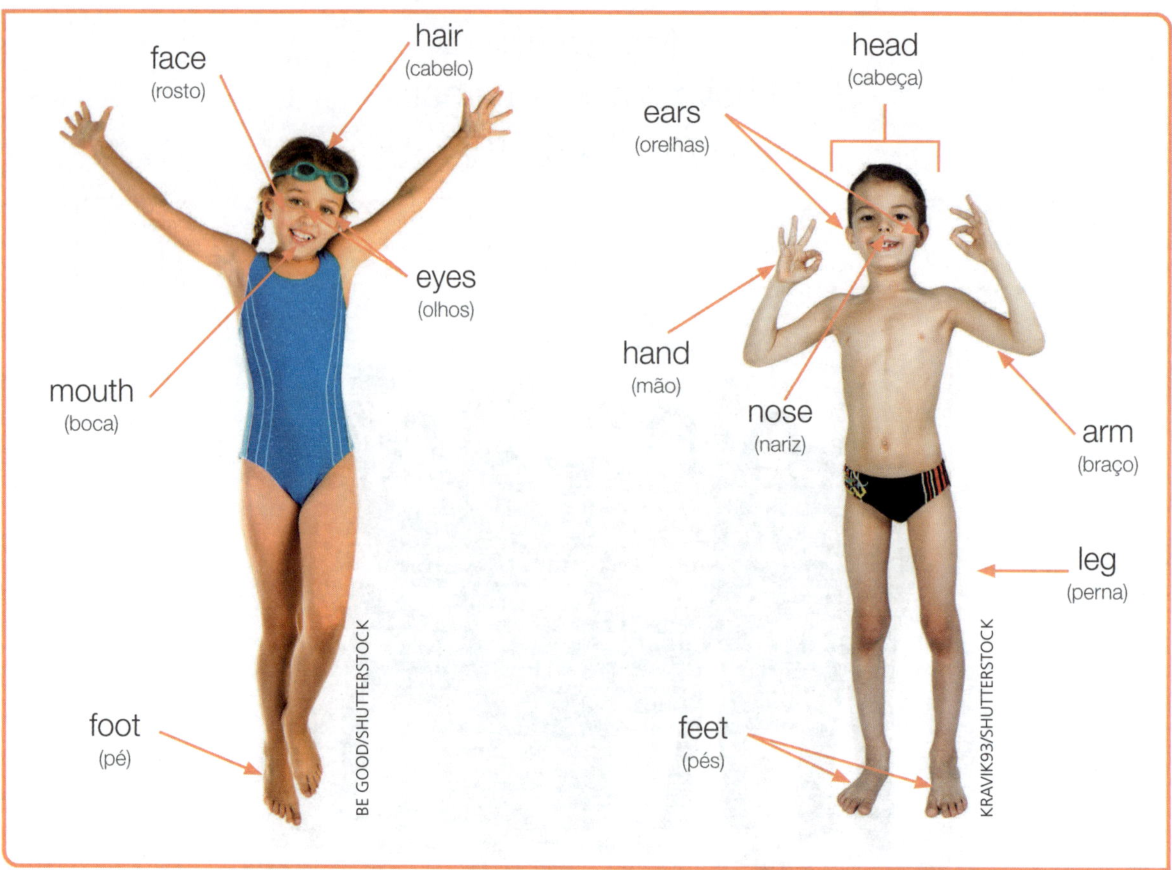

9 Unscramble the words and link them to the parts of the body.

(Reordene as palavras e ligue-as às partes do corpo.)

E S E Y ________________

E O S N ________________

R A M ________________

D N A H ________________

T O F O ________________

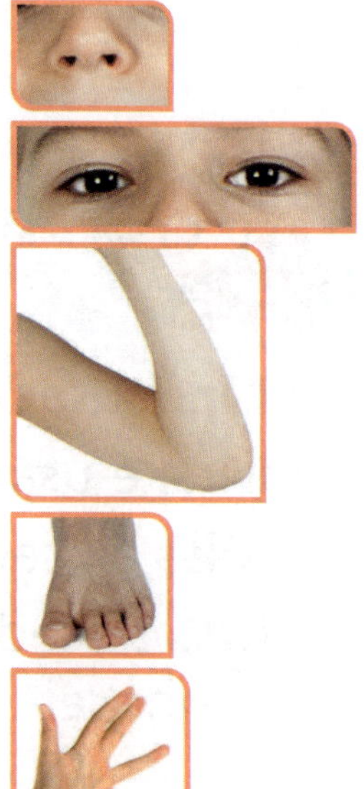

BE GOOD E KRAVIK93/SHUTTERSTOCK

10 Draw and write the names of the parts of our bodies according to the quantities.
(Desenhe e escreva os nomes das partes do nosso corpo, de acordo com a quantidade.)

I have only one

____

____.

I have two

____

____.

11 Let's play!

(Vamos brincar!)

12 Listen and name the fan. 
(Escute e nomeie o fã.)

Marta

BUDA MENDES/GETTY IMAGES

Rafaela Silva

ANDRE LUIZ MOREIRA/SHUTTERSTOCK

Marcelo

AGIF/SHUTTERSTOCK

Murilo

MARCELLO FARINA/SHUTTERSTOCK

I LOVE MY FAMILY

(Eu amo minha família)

Listen and read. 

(Escute e leia.)

VANESSA ALEXANDRE

This is Peter's family!

(Esta é a família de Peter!)

ILUSTRAÇÕES: VANESSA ALEXANDRE

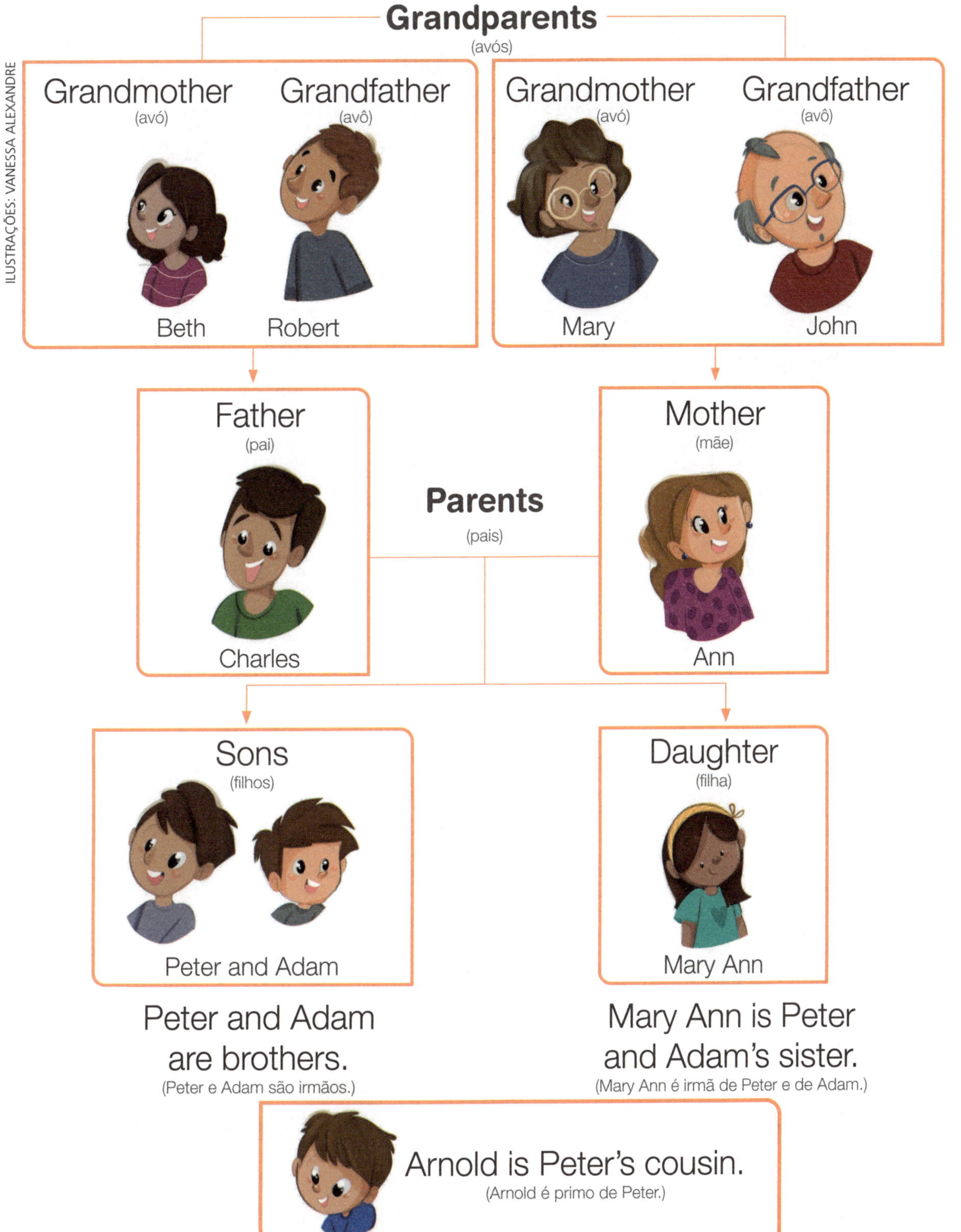

Peter and Adam are brothers.
(Peter e Adam são irmãos.)

Mary Ann is Peter and Adam's sister.
(Mary Ann é irmã de Peter e de Adam.)

Arnold is Peter's cousin.
(Arnold é primo de Peter.)

ACTIVITIES

1 Complete using Peter's family members.
(Complete usando os membros da família de Peter.)

Example:
This is Charles.
He is my **father** **(Charles, father)**

a) This is Ann.
She is my ____________.

b) This is Mary Ann.
She is my ____________.

c) This is Adam.
He is my ____________.

d) This is Arnold.
He is my ____________.

e) These are John and Mary.
They are my ____________.

2 Number the columns.
(Numere as colunas.)

1 Mary Ann	☐ father
2 Ann	☐ brother
3 Charles	☐ sister
4 Adam	☐ mother

3 Let's play crosswords.

(Vamos brincar de palavras cruzadas.)

ILUSTRAÇÕES: VANESSA ALEXANDRE

4 Let's cut pictures of the words we've learned.

(Vamos recortar figuras para ilustrar as palavras que nós aprendemos.)

Father

Mother

Daughter

Son

Grandfather

Grandmother

5 Show your family to your friends.
(Mostre a sua família para seus amigos.)

6 Now, describe one of them.
(Agora, descreva um dos membros de sua família.)

This is ______________. He/she is my ______________.

____

____.

7 Write sentences.

(Escreva frases.)

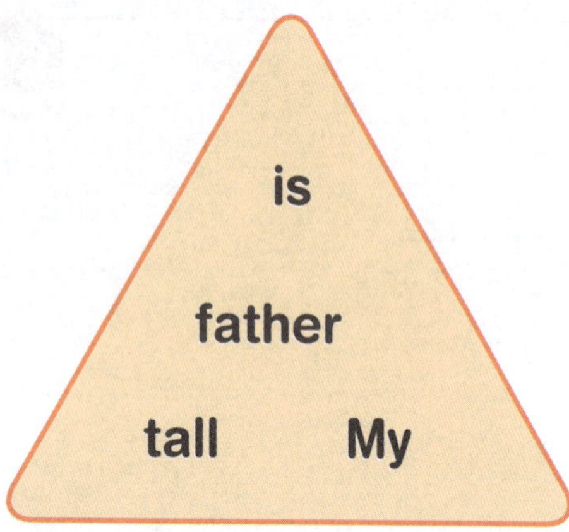

fat
grandmother
is
My

brother
not
That's
my

mother?
your
that
Is

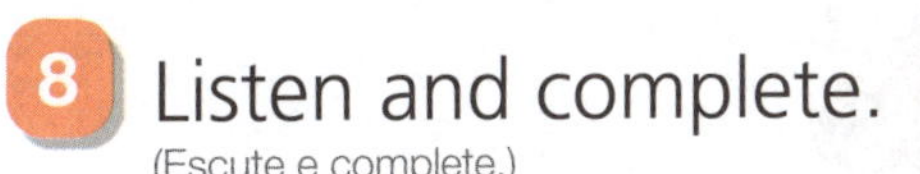

8 Listen and complete.

(Escute e complete.)

Let me introduce my family! Look at this photo.

VANESSA ALEXANDRE

a) I have two ______________________.

b) This is my ______________________.

c) This is my ______________________.

d) This is my ______________________.

e) She is not my sister. She is my ______________________.

f) This is my ______________________.

VANESSA ALEXANDRE

9 Listen and draw what you hear.

(Escute e desenhe o que você ouviu.)

10 Let's build our family trees!
(Vamos construir nossa árvore genealógica!)

KATERINA DAVIDENKO/ SHUTTERSTOCK

11 Write the names of your family members.
(Escreva os nomes dos membros de sua família.)

Father's family	Mother's family
My grandfather and my grandmother: ____ ____	My grandfather and my grandmother: ____ ____
My father: ____	My mother: ____

My sister(s): ____

My brother(s): ____

12 Let's listen and check (✓)!

(Vamos escutar e marcar!)

ILUSTRAÇÕES: VANESSA ALEXANDRE

13 Hot potato.

(Batata quente.)

14 Let's make a scrapbook.

(Vamos fazer um álbum de recortes.)

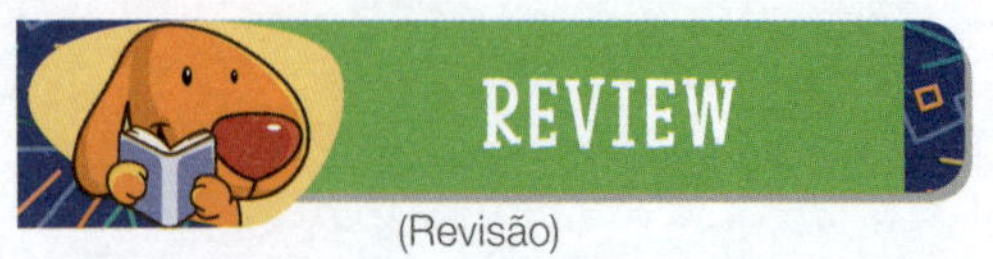

(Revisão)

I can describe people. (Eu sei descrever pessoas.)			
tall	long hair	curly hair	short
fat	straight hair	blond	thin
new	short hair	brunette	old

1 Match the opposites:
(Relacione os opostos.)

a) tall ☐ young

b) fat ☐ straight

c) long hair ☐ short hair

d) big ☐ short

e) old ☐ thin

f) curly ☐ small

2 Find and circle.
(Encontre e circule.)

tall
big
thin
old
fat

G	O	O	T	H	I	N	P	I
F	E	R	A	Y	U	J	K	L
A	Z	O	L	D	E	S	A	U
T	Y	S	L	Q	Z	B	I	G

3 Find the right child.
(Encontre a criança certa.)

a) Melinda is eight. She has long hair.

b) Charlotte is six. She has straight hair.

c) I'm eight. I have blue eyes.

d) Jabari is seven. He has short hair.

e) I am five. I am thin and short.

f) Sara is seven. She has brown hair.

FOTOS: SHUTTERSTOCK

I can describe parts of my body.

(Eu sei descrever partes do meu corpo.)

head	ears	hand
face	nose	leg
hair	mouth	foot
eyes	arm	feet

4 Match.

(Ligue.)

5 Unscramble the letters and number.
(Desembaralhe as letras e numere.)

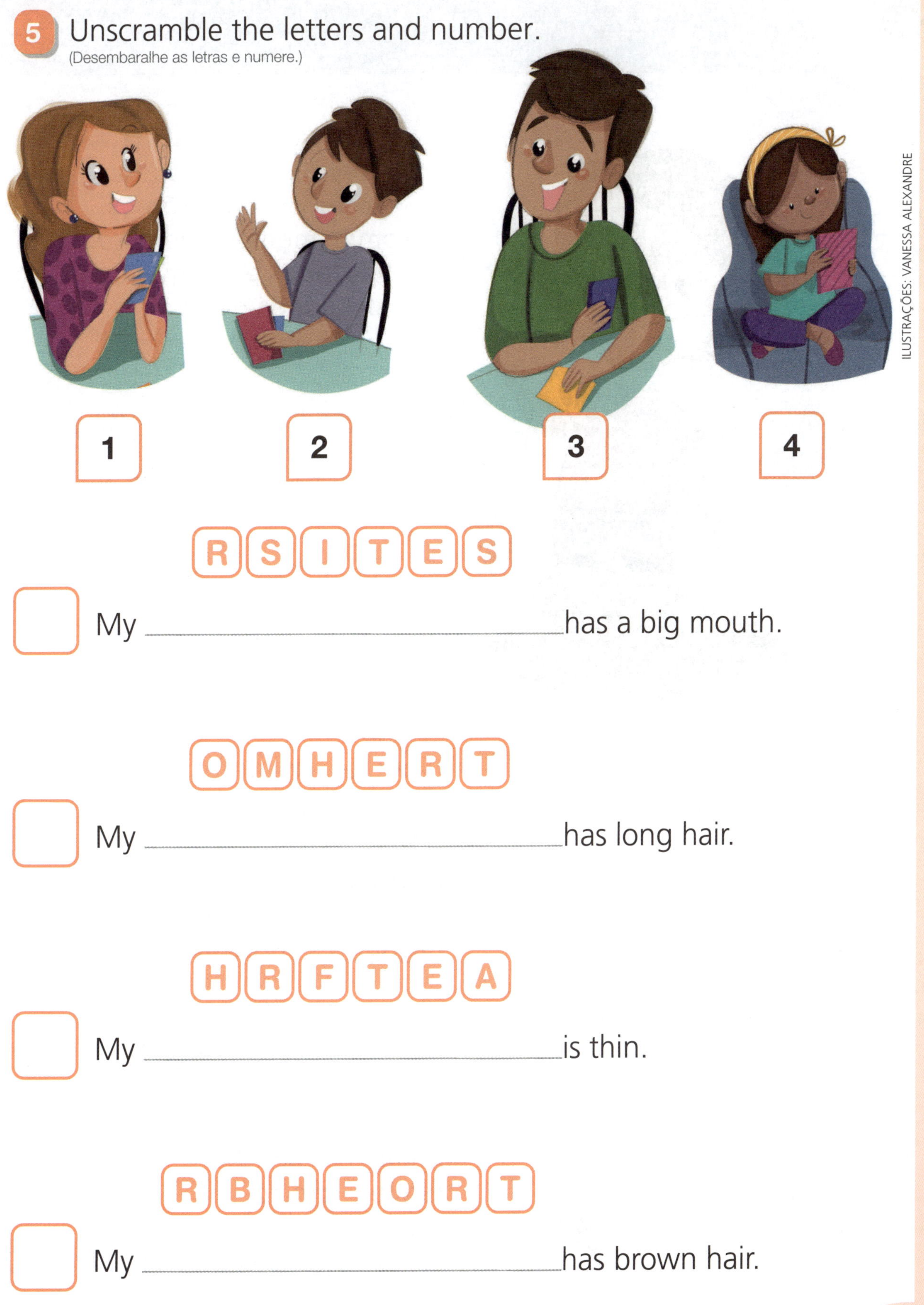

ILUSTRAÇÕES: VANESSA ALEXANDRE

R S I T E S

☐ My ______________________ has a big mouth.

O M H E R T

☐ My ______________________ has long hair.

H R F T E A

☐ My ______________________ is thin.

R B H E O R T

☐ My ______________________ has brown hair.

GLOSSARY
(Glossário)

VANESSA ALEXANDRE

Amiguinhos, depois do glossário vocês encontrarão os complementos que serão utilizados em algumas atividades deste livro.

A

age – idade
almond-shaped – amendoado
alphabet – alfabeto
animal – animal
arms – braços
Asian – asiático(a)
ask – perguntar, pedir

B

ball – bola
beige – bege
big – grande
bird – pássaro

LIE KOBAYASHI

black – preto(a)
blond(e) – loiro(a)
blue – azul
book – livro
brother – irmão
brown – marrom/castanho
brunette – morena

C

car – carro

ZEDCOR WHOLLY OWNED

cat – gato(a)
caucasian – branco(a)
chicken – galinha
circle – círculo
color – cor
computer – computador

cook – cozinheiro(a)
cousin – primo(a)
cow – vaca
curly – cacheado(a)

D

daughter – filha
dentist – dentista
dog – cachorro(a)
doll – boneca
driver – motorista
duck – pato(a)

STOCKBYTE

E

elephant – elefante
engineer – engenheiro(a)
eraser – borracha
eyes – olhos

F

face – rosto
factory – fábrica
fat – gordo(a)
father – pai
feet – pés
fish – peixe
foot – pé
friend – amigo(a)

G

giraffe – girafa
girl – menina, garota
goat – cabra
grandfather – avô

GETTY IMAGES

grandmother – avó
grandparents – avós
gray – cinza
green – verde

H

hair – cabelo
hands – mãos
have – ter
head – cabeça
hispanic – latino(a)
horse – cavalo
hospital – hospital
house – casa

I

ice cream – sorvete

L

large – grande
legs – pernas
like – gostar
lion – leão
listen – escutar
long – comprido(a), longo(a)

M

monkey – macaco(a)
mother – mãe
mouth – boca

LIE KOBAYASHI

N

name – nome
new – novo(a)
nose – nariz

O

office – escritório
old – velho(a), antigo(a)
orange – laranja

P

pen – caneta
pencil – lápis
pencil case – estojo
pig – porco(a)
pink – rosa
play – jogar, tocar, brincar
purple – roxo(a)

ROBERT BABCZYNSKI/ SHUTTERSTOCK

R

red – vermelho(a)
redhead – ruivo(a)
restaurant – restaurante
rhino – rinoceronte
rooster – galo

S

school – escola
sharpener – apontador
sheep – ovelha
short – curto(a), baixo(a)
sister – irmã
small – pequeno(a)
snake – cobra
soccer – futebol
son – filho
square – quadrado
star – estrela
store – loja
straight – liso(a), reto(a)
student – estudante

T

talk – conversar
tall – alto(a)
teacher – professor(a)
theater – teatro
thin – magro(a), fino(a)
this – este, esta, isto
tiger – tigre
toys – brinquedos
triangle – triângulo
truck – caminhão

V

video games – jogos de computador

W

white – branco(a)
write – escrever

Y

yellow – amarelo(a)
young – jovem

Z

zebra – zebra

ALMANAQUE

BIRTHDAY CARDS

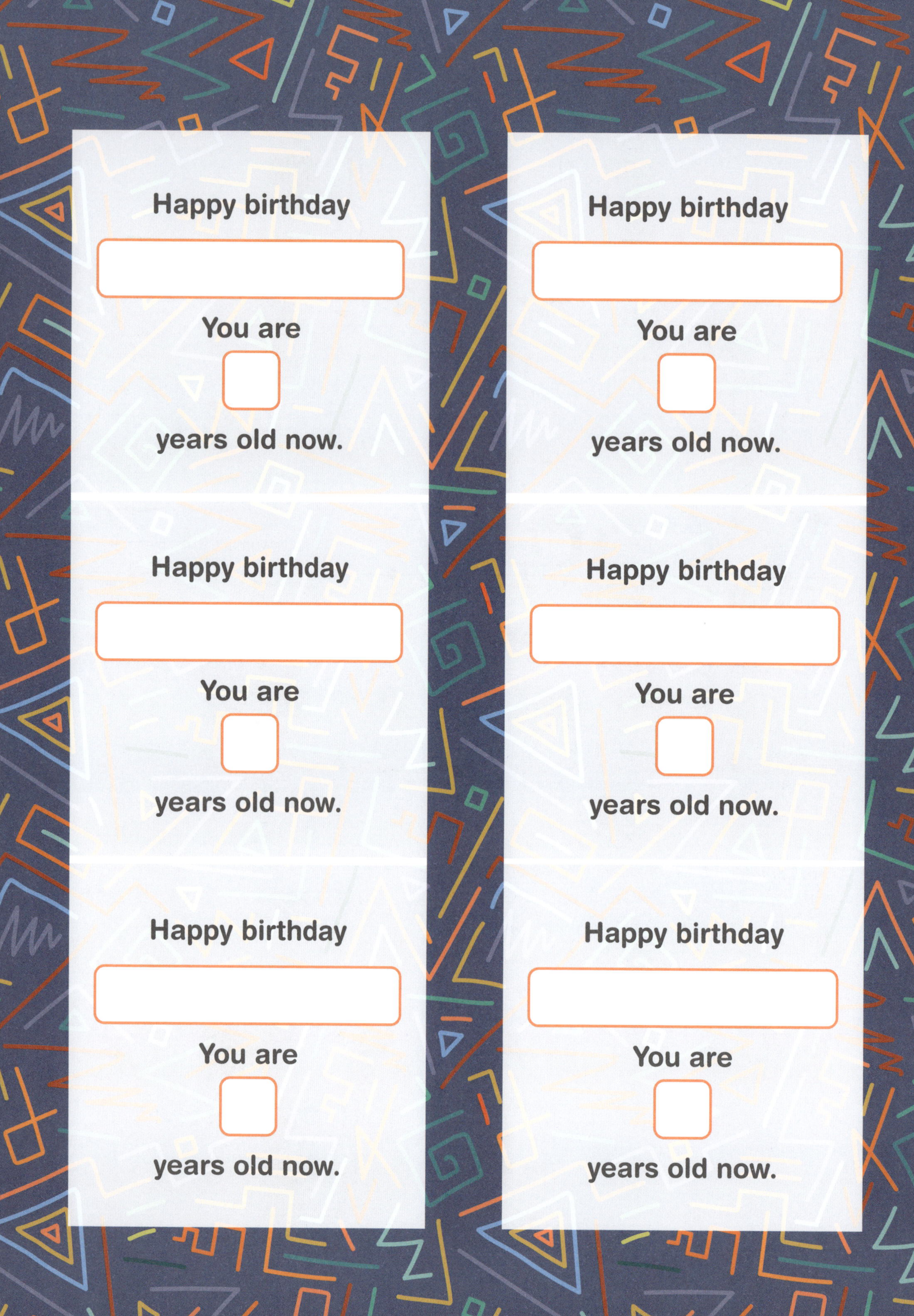

Happy birthday
You are
years old now.
Happy birthday
You are
years old now.
Happy birthday
You are
years old now.
Happy birthday
You are
years old now.
Happy birthday
You are
years old now.
Happy birthday
You are
years old now.

DOMINO

Cut

(Cortar)

teacher | teacher
cook

saleswoman | saleswoman
firefighter
dentist | dentist
dentist | saleswoman
waiter | cook
firefighter | teacher

dentist | firefighter
teacher | saleswoman
cook | cook
saleswoman | waiter
firefighter | firefighter

waiter | waiter
firefighter | cook
cook | saleswoman
waiter | firefighter
teacher | waiter
saleswoman

cook | teacher
dentist
waiter | dentist
teacher | dentist
dentist | cook
saleswoman | firefighter

waiter
teacher

MEMORY GAME (I)

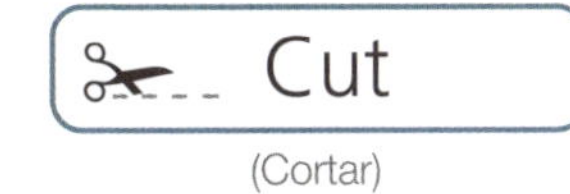

(Cortar)

rectangle	star	square
square	circle	triangle
circle	star	square
triangle	square	circle
rectangle	star	triangle
circle	star	rectangle

MEMORY GAME (II)

(Cortar)

rectangle	star	square
square	circle	triangle
circle	star	square
triangle	square	circle
rectangle	star	triangle
circle	star	rectangle

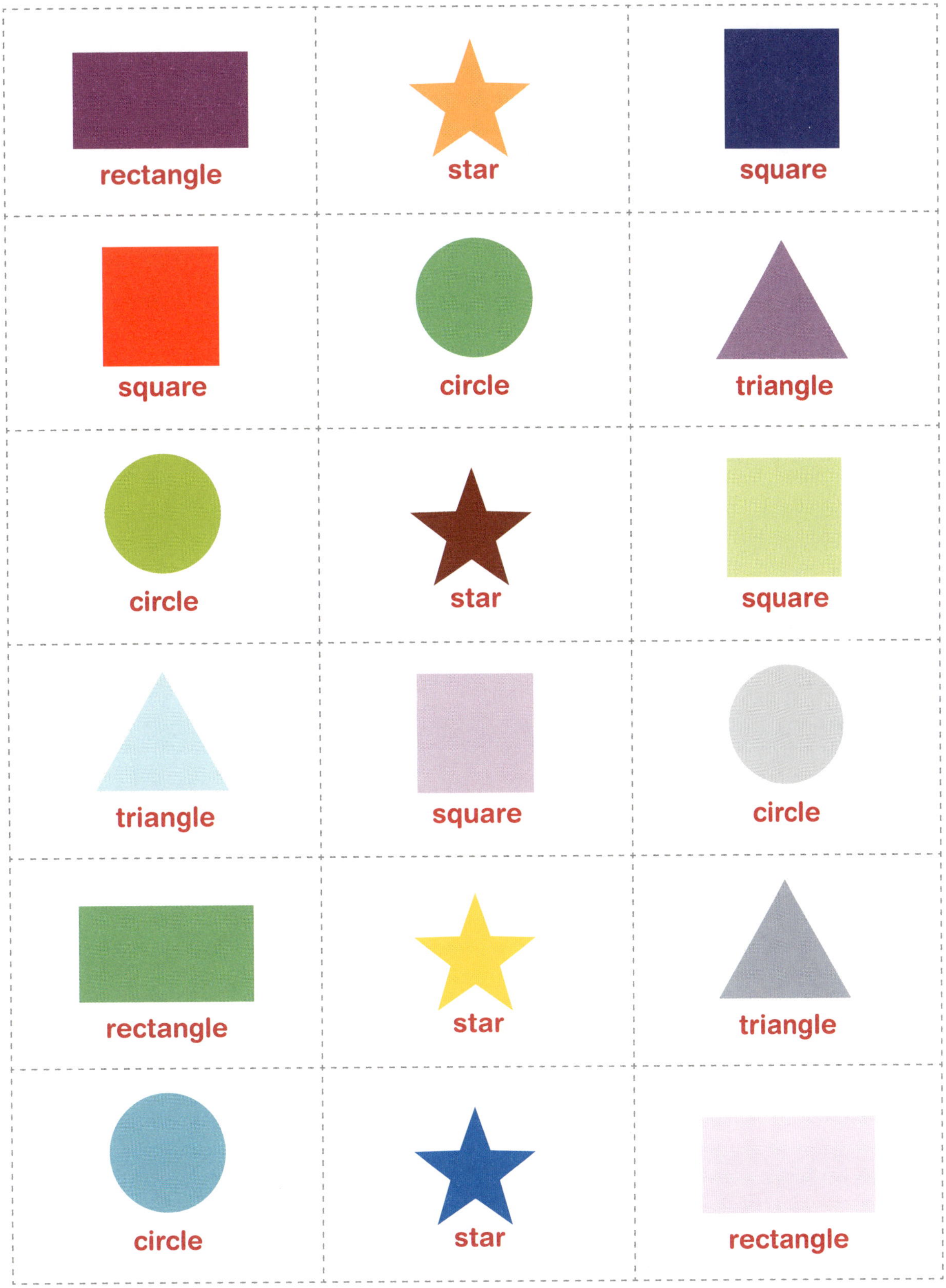

MEMORY GAME

Cut
(Cortar)

Do you have a pencil case?	No, I don't.	Does Ann have a sharpener?	Yes, he does.

Does he have a pencil?	Yes, she does.	Yes, I do.	No, I don't.

Does she have an eraser?	Do you have a pen?	No, he doesn't.	Does she have a book?
	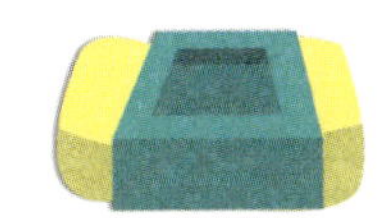		
Do you have a ruler?	Yes, she does.	Does Paul have a notebook?	No, she doesn't.

ILUSTRAÇÕES: LIE KOBAYASHI

PAGE 8

Good afternoon! Good night! Good morning! Good evening!

PAGE 20

4

9

10

PAGE 23

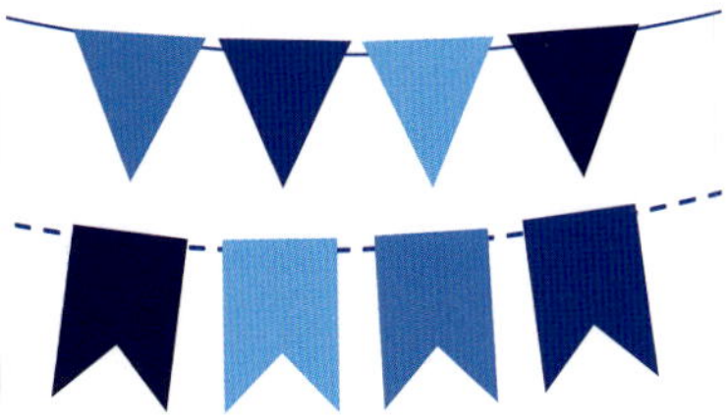

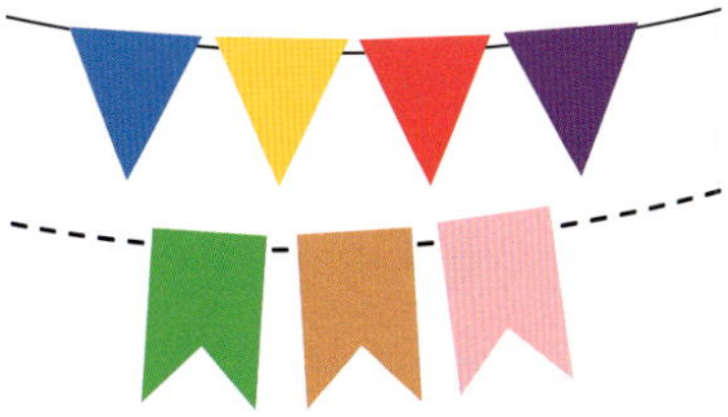

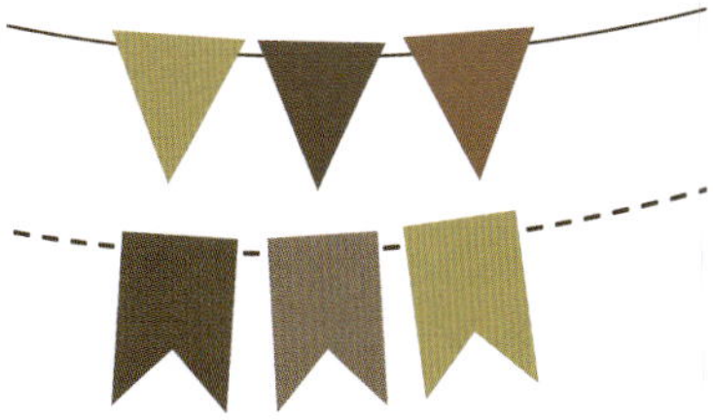

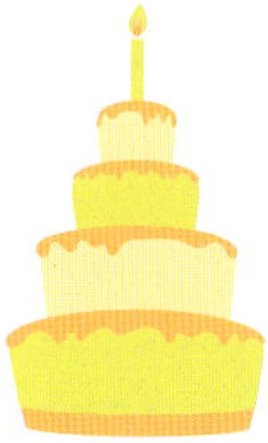

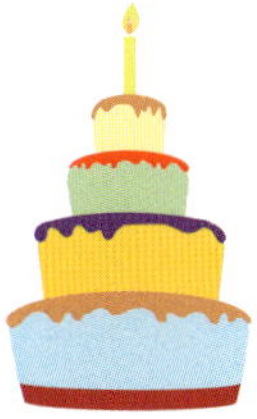

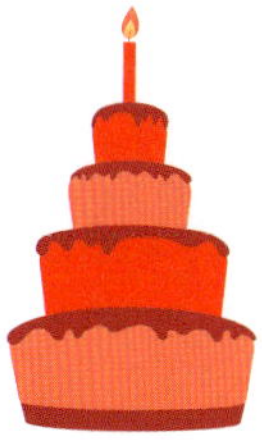

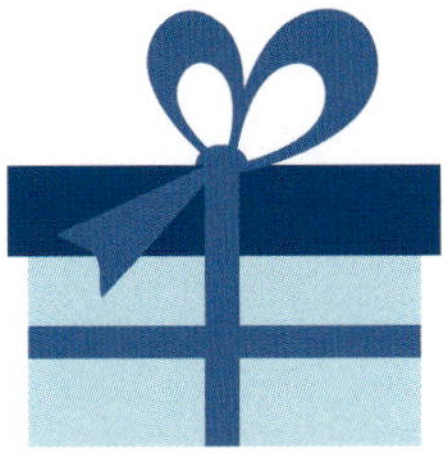

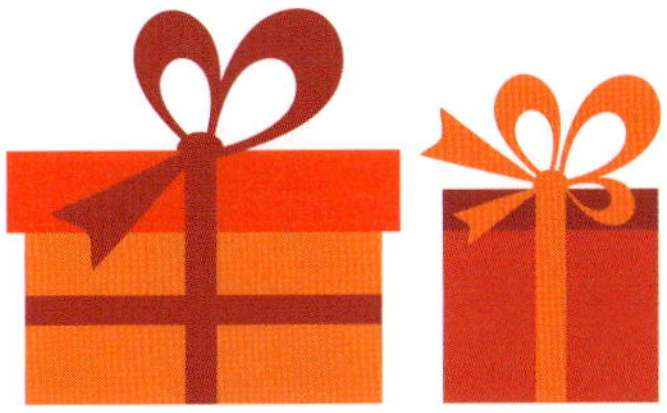

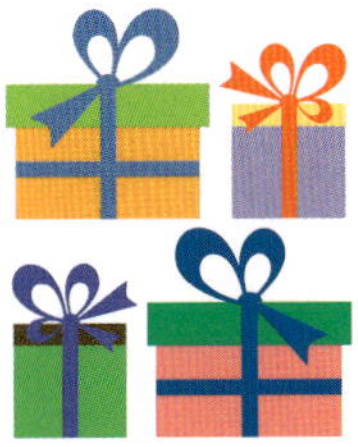

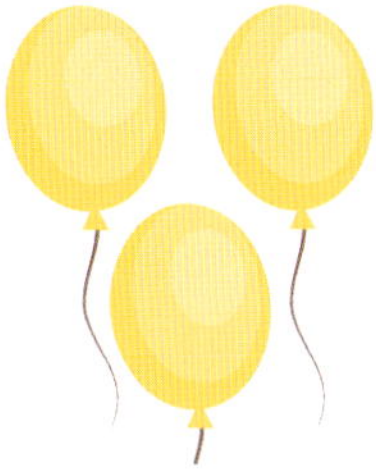

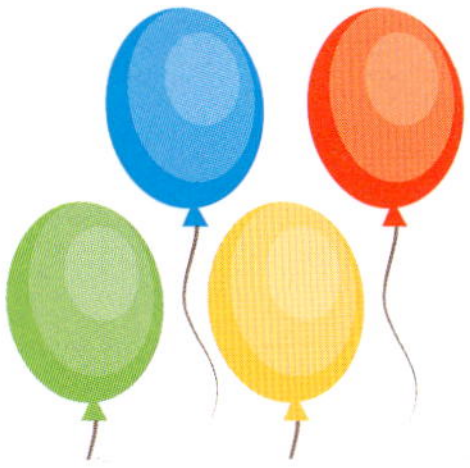

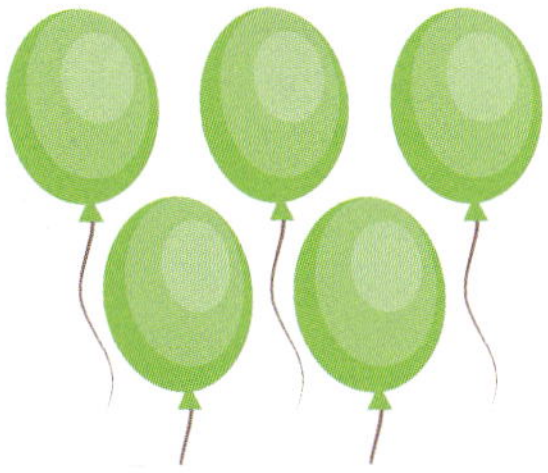

ILUSTRAÇÕES: ANN PRECIOUS/SHUTTERSTOCK

PERMANENT

PAGE 33

PAGE 39